㊡日本の小さな本屋さん

和氣正幸

X-Knowledge

ペロのおしごと
だいすきな"おかあさん"に
すてきなプレゼントをあげたいな
「ゲド戦記」の世界
清水真砂子
魔法の学校
読者ハ読ムナ
裏庭
ホモ・デウス
ホモ・デウス
進歩
日本の気配
無子高齢化
モモ
働くことは
生きること
ecocolo
ユリイカ
相対幻論
吉本隆明
栗本慎一郎

はじめに

旅に出よう。盛岡、金沢、京都、高松……その地の記憶が刻まれた名所旧跡に、舌を楽しませてくれる海の幸や山の幸。それだけでも充分楽しめる人もいるかもしれないが、もしそこに本屋があったらなお嬉しい。

街を歩いて、あるいは車で移動している最中に本やＢＯＯＫの文字を見かけたら迷わず入るだろう。深呼吸して本の匂いを体中に満たしたら店内をひと回り。そうしたら気になった本がある場所まで戻ってじっくりと周囲の本棚も眺める。そのうちに見たことのないような本にも出会うだろう。店が出版した本や、地場の出版社がつくった本も並んでいるかもしれない。地域に所縁のある文豪の本が特集されていることだってあるだろう。2周目を楽しんでいるうちにいつの間にか経っていた時間の長さに驚いてしまうかも。大切に選んだ本をレジに持っていって思い切って話しかけてみる。「旅行で来ているのですが」。もしかしたらオススメのスポットや地元の人しか知らない隠れた名店を教えてもらえるかもしれない。そうして店を出たときには、店に入る前より旅先のこの場所と少しだけ仲良くなれた気がする。

本屋は旅する人にとっての止まり木だ。観光で疲れた心と身体を少しだけいつもの調子に戻してくれる。店にある本を知って店主と話して、そうして、その場所の歴史を、人を、少しだけ学んだ気になってまた次の場所に向かうそのときにはもっと旅を楽しめる自分になっている。

本書ではそんな止まり木になるような、旅先で立ち寄りたくなる本屋を24店紹介している。なんなら旅の目的地にしてもいいくらい素敵な本屋だ。感染症の影響で旅行をするのにも気が引ける状況になってしまったが、本書を読むことで空想本屋旅行を楽しんでいただけたら著者冥利に尽きる。そして、晴れ晴れとした気持ちで旅に出られる、そんな時が来たら各地の本屋をぜひ訪ねて欲しい。やっぱり本屋は特別な場所なんだときっとそう思えるから。

2

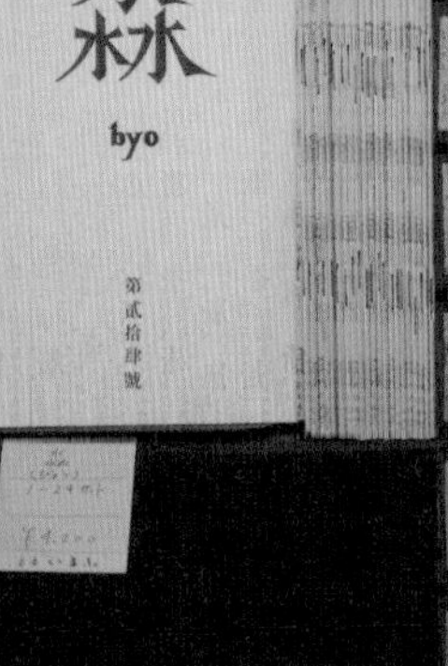

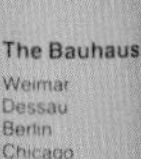

もくじ

東北

関東

中部

関西

四国

掲載内容は2020年9月現在のものです。最新の情報は各店のホームページ等を参照下さい。

写真 —— 砺波周平　デザイン —— 芝 晶子（文京図案室）　印刷 —— シナノ印刷

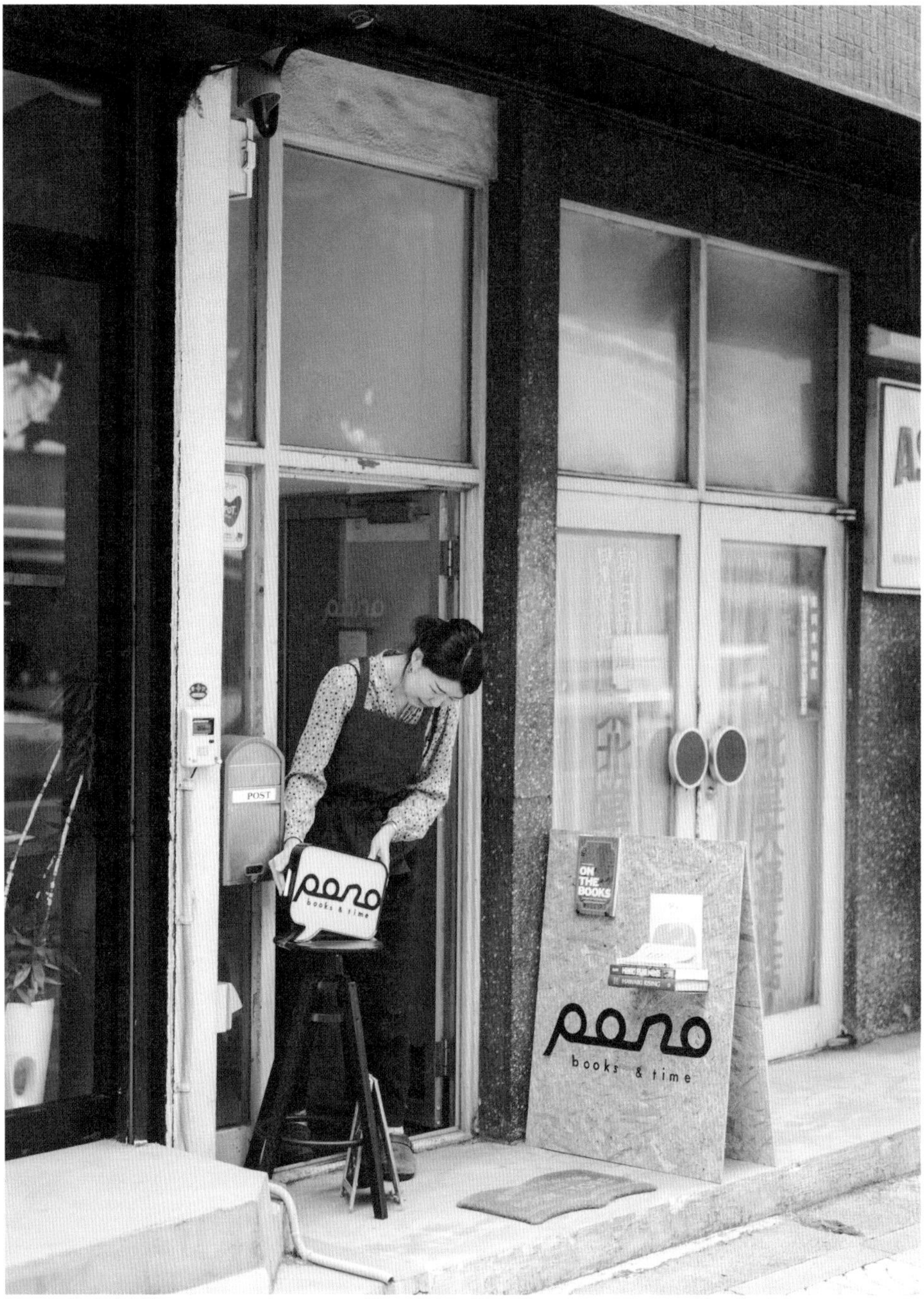

Pono
books & time

帰ってきたくなる場所

岩手県
盛岡市

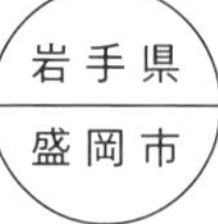

心のバランスを取り戻せる
世界一優しい本屋さんを目指して

12人の文豪と天高く舞い上がる紙吹雪。子どもたちが本の山の中で無垢な瞳をキラキラと輝かせている。2014年2月ソチ五輪の閉会式を観て、運命が変わった女性がいた。

「Pono books & time」の店主・小山由香理さんは専門学校を卒業後、多くの職を転々としながら本当にやりたいことは何か、モヤモヤとした思いを抱えて20代を過ごしていた。好きなパンクバンドのライブに行く中でいつからか、ただの観客として楽しませてもらうよりも、ステージに立つ側の方が楽しそうだと思うようになる。そんな中、ソチ五輪の閉会式との出会いが小山さんを本屋の道に誘った。何をしたいのか、それがハッキリしたのだ。「ずっと前から本が好きだったこと、幼いころ本屋さんになりたかったことを思い出したんです」。ずっとなりたいものではなく、なれるものを探していくのが人生なのだと思い込んでいた。それがあの瞬間変わった。「なりたかったものになろう、そう思ったんです」

それからブックコーディネーター・内沼晋太郎氏の主宰する「これからの本屋講座」を受講するなどの準備期間を経て2017年3月に店をオープンしたのだが、それまでが大変だった。講座の受講中に理想の物件に出会ってすぐに契約してしまったため、大急ぎで準備しなければならなかったのだ。資金集めにも奔走した。どこに行っても〝本屋をしたい〟と言った時点で弾かれてしまった。それでもやりたい、その思いでなんとか融資を取り付けた。

そうしてできた店の営業は、本業を終えた平日夜と土日が中心だ。仕事帰りに立ち寄れる店が欲しいという気持ちから、場所も通勤経路の途中にした。「例えば仕事でイライラしたことがあった帰り道に本屋に寄りますよね。本棚を眺めたり本を手に取っているうちにいつのまにかイライラしている気持ちがなくなって〝この料理つくってみようかな〟とか、自分の好奇心が自然に出てくる。本棚を通して自分と対話している時間がすごく好きなんです」。仕事帰りにそうやって一人で過ごせる場所が盛岡にはなかったのだ。

たしかにこの空間はとても居心地がいい。本のセレクトも尖り過ぎず、それでいて「これは何?」と驚くような本もさりげなく置かれている。時間制のワークスペースも、寝転がって本を読める場所まである。力が良い具合に抜けている。絶妙な空気感の秘密はなんなのか。答えはあの変わった店名にあるのかもしれない。「Pono」はハワイ語で「バランスが取れた状態」を指す。「店を始めるときに自分の好きなものを軸にしたいと思ったんです」。小山さんが好きなのは音楽とプロレスとフラダンス。この一見何の関連もない3つに共通しているのが優しさだという。「プロレスは一見優しさと無縁なように見えますが、約束事をみんなで共有しないと楽しめない世界で、一緒にその空間をつくり上げていく。優しさが重要なんです」。音楽にもフラダンスにも同じように優しさが宿る。「来られた方に心のバランスを取り戻してもらえるような世界一優しい本屋を目指しています」

深い包容力を思わせる笑顔で話す小山さんを見ていると旅するというよりは帰ってきたくなる場所だと感じた。旅先なのにまるで馴染みの場所に戻ってきた安心感。そんな本屋が盛岡にはある。

疲れた日に
優しく出迎えてくれる
優しい本屋が盛岡にはある

Hello
Working

2

1

3

本棚を通して自分と対話して
心を落ち着かせてくれる場所

1. 3. 店内の本はほとんどがお客さんから寄贈された本だ。来てくれた人がこの店の雰囲気を気に入って「新古書店に販売するよりは」と持ってきてくれる。読者と本屋の幸せな関係がここにはある。2. トークイベントや絵本の読み聞かせも行われる店内。なんとプロレスの試合が開催されたこともあるという。4-5. 気持ちよさそうなソファと大きな窓に向いた席を利用するには席料(2時間につき500円)とワンドリンクの注文か500円以上の本を買う必要がある。空間を維持するために考えられたシステムだ。6-7. 盛岡駅から北上川を超えてしばらく歩くと見える雑居ビルにあるPono。無骨な階段を昇った先に外見からは想像もつかない居心地の良い空間が広がる。

7

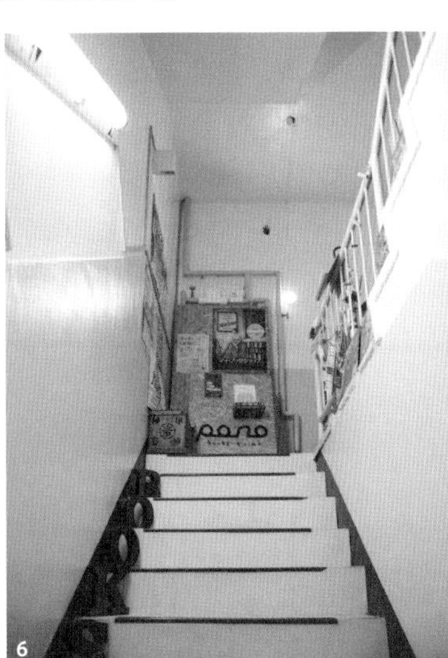

6

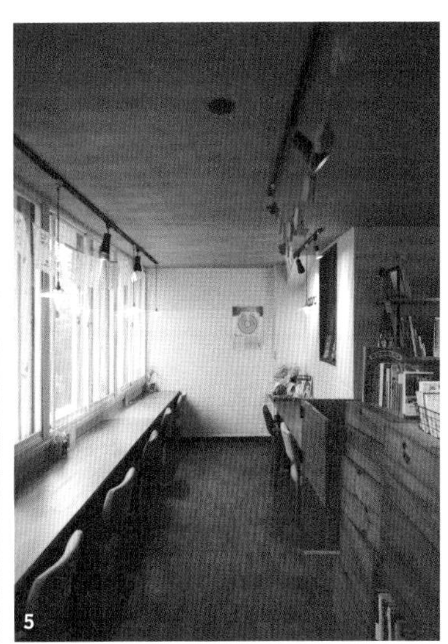

5

[info] 岩手県盛岡市大通り3-7-9 東北堂ビル2F／JR「盛岡」駅から徒歩約7分
tel 019-601-7253／火～金曜10:00~18:00、土曜13:00~17:00
月・日曜・祝日休み(イベントなどにより変更の場合あり、詳細はhttps://www.pono-books.comなどを参照)

BOOK NERD

盛岡発、カルチャーの案内所

岩手県
盛岡市

何かが生まれようとしている感覚
そういう場所をつくりたい

宮沢賢治や石川啄木が青春時代を過ごした盛岡にカルチャーの案内所とでも呼べる本屋がある。「BOOK NERD」だ。店主の早坂大輔さんは秋田県の生まれだが「終の棲家にするならここ」と盛岡に移り住んでからこの店を開いた。

中学生のころから英米文学が好きだったという早坂さん。専門学校に進み翻訳家の道を志すが断念。その後は秋田で求人情報誌を発行する会社の営業職になった。13年ほど働いたころに退職、友人と共に起業する。このころから盛岡に拠点を移したという。「会社員時代に1年ほど盛岡で暮らしたのですが、そのときに自分の身の丈に合っている街だと感じたんです」と早坂さん。2年ほど経ったあるとき、ふとやりたいことはやり尽くしたと思ったという。「ビジネスはすごく順調だったんですけど人生の先が見えちゃったんですよね」。どうせなら自分の好きなことをやろう、そう考えたときに出てきたのが店を開くことだった。

何の店にするか。早坂さんの前にあったのは3つの選択肢だった。本と映画と音楽。そのどれかに関わる店を開こうと思ったとき、盛岡の街をカルチャーという視点で見渡してみると本屋がなかった。「さわや書店さんのような歴史のあるお店はありましたが、個人の視点でセレクトされている本屋が盛岡にはなかったんです」。そうして紺屋町にBOOK NERDを開いた。

全面ガラス張りの入口から中に入ると奥に広い店内にはゆったりと本が並ぶ。新刊を中心にして、開店前にニューヨークから買い付けてきた古本も置かれている。どことなく異国情緒が感じられるのはこのときの買い付けがあったからだろう。一冊一冊選び抜かれた本が作品のように飾られているのを見ていると早坂さんの本に対するリスペクトが伝わってくる。「ニューヨークにはカルチャーを中心にしたコミュニティーがあって、それに影響を受けました。言葉にしにくいですが、何かが生まれようとしている感覚というか。そういう場所を盛岡でも再現したいなと思ったんです」

特に影響を受けたのが「Mast Books」と「Standard Book Store」の3階だ。本の並べ方や内装は「本の数はそんな多くないのに良質な本がぎっしり詰まっている場所で格好いい」というMast Booksをイメージした。全体の目指すところは、いまでは観光名所になったStandard Book Storeの3階。「ヴィンテージブックを扱っているフロアで、そこの空気感は本屋の理想だと思います。店員さんの知識や物腰、お客さんも含めた総合的な店の力のようなものを感じたんです」。店員を起点にして本の世界が広がっていくような感覚。まだまだ自分には知らないことがあるとワクワクさせてくれる本屋。BOOK NERDはそういった場所を目指して始まったのだ。

店を開いてから2年、その間に東京をはじめ盛岡以外の場所で面白い活動をしている人を紹介してきた。そこから影響を受けて自分で何かを始める人が少しずつだが出てきているという。「これからはそういう人たちが集まって交流できるようなスペースをつくれたらいいなと思っています」。２０１８年には本を出版し、ブックイベントの主催もした。

カルチャーを盛岡に紹介する場所として、盛岡から発信する場所として。ここでは何かが起こり始めている。

異国の風を
感じながら
本の世界が
広がっていく

1. ゆったりと本が並ぶ店内。2-3. はじめこそ古本が多かったがいまは新刊の割合が多い。岩波文庫などクラシックなものから小出版社の本、リトルプレスやZINEなどの個人出版物も並べる。4. 店内一番奥は古本のコーナーだ。1950年代〜2000年代に出版された本を中心に、植草甚一や片岡義男、北山浩平など早坂さんが影響を強く受けているという1960年代〜1970年代の本が多い。

カルチャーを盛岡から発信する場所

1. アメリカなどで買い付けてきた雑貨も並ぶ。センスが光るセレクト。2. BOOK NERDが出版した本『わたしを空腹にしないほうがいい 改訂版』の著者・くどうれいんさんは元々常連客。自費出版の本として取り扱い好評となったが個人で増刷は難しかった。そんな折に早坂さんが声を掛け、さらに規模を大きくした出版が実現した。3. レジ前にもある古本コーナーには読み物が多く並ぶ。4. 思わず手に取ってしまう印象的なデザインの本が表紙を見せて並ぶ。5-6. ターンテーブルやレコードなど早坂さんの音楽好きが伝わってくるものがそこかしこにある。店内でDJイベントをすることも。7. 店をこの場所にしたのは近くに喫茶店「クラムボン」があったからだという。

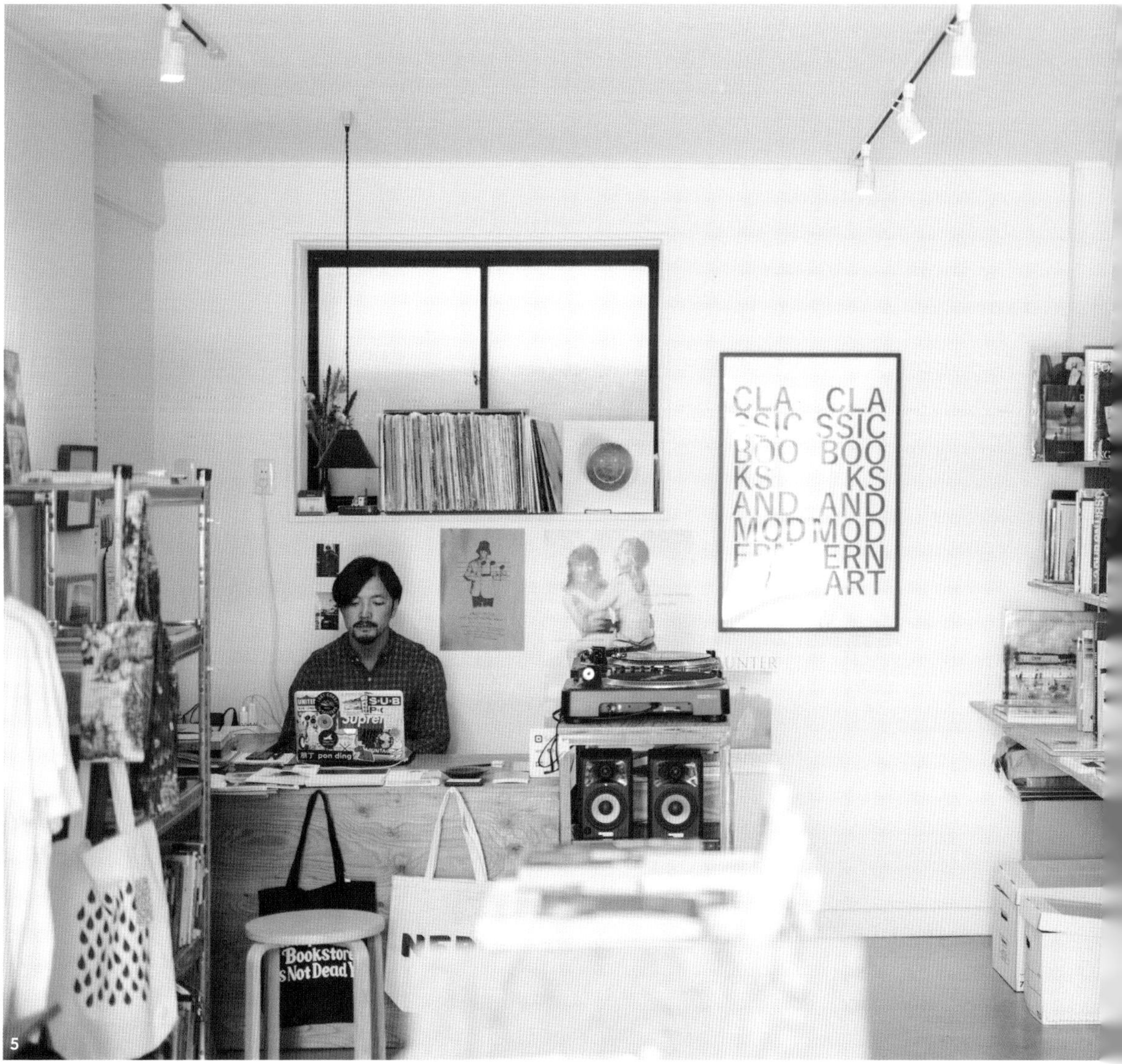

5

7

6

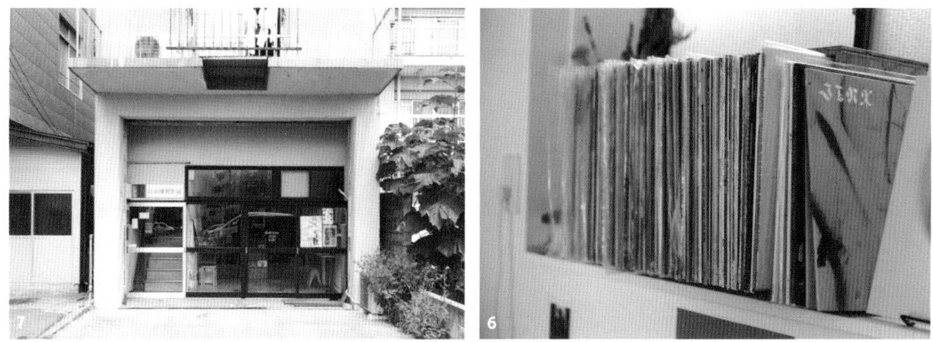

［info］岩手県盛岡市紺屋町6-27／JR「盛岡」駅からバスに乗車、「総合福祉センター入口」で下車後徒歩約2分
tel 019-677-8081／12：00～18：00／火・水曜休み

八戸ブックセンター

知のインフラを整備する市営の本屋

青森県
八戸市

本との偶然の出会いを演出する
図書館とは違った出会い方を提案していきたい

本屋とはどんな場所のことを言うのだろうか。本屋に期待することとは何だろうか。娯楽、解決策、教養、出会い……様々な答えがあるが「八戸ブックセンター」はその答えがひとつではないことを教えてくれる。

八戸市の中心街を歩いていると見つかる真っ赤な壁と大きなガラスが目立つビル。Garden Terraceの1階にある八戸ブックセンターは全国的にも珍しい市営の本屋だ。中に入ると天井が高く風通しの良い空間に本棚が余裕をもって並ぶ。「みわたす」「いのり」といった感覚的なインデックスに沿って棚を眺めているといつの間にか時間が過ぎてしまう。平日だというのに熱心に棚を眺めている人もいればすぐ外の椅子に座って夢中で本を読んでいる人もいる。市が書店を開くことについて開館前には厳しい意見もあったが、蓋を開けてみれば好印象を持つ人がほとんどだったという。

そんな全国初の公営書店のそもそもの始まりは市長が進める政策公約「本のまち八戸」にあった。乳幼児を対象とする「ブックスタート事業」、小学生を対象にした「マイブック推進事業」など各年代に対応した施策がある中で、大人向けの事業として始まったのが八戸ブックセンターなのだ。市内にある民間の書店では限られたスペースの中、どうしても売れる本が中心になってしまうため、長い目で見て文化を育むような本が市民の目に触れにくくなる。そこで「目の前の売る」だけにこだわる必要のない行政が、人文書やアート、サイエンスなど、棚に並びにくい本を積極的に扱い、知のインフラを整備する役割を引き受けたのだ。さらに、本のまちとして書き手にも目を配る。館内奥には執筆に集中できる部屋「カンヅメブース」があり、200人以上の未来の作家が登録しているという。

どこかゆったりとした空気が流れているのは「本がある場所でゆっくり過ごしてもらって気に入ったら買って欲しい」という行政のスタンスがあるからだろう。

「〝図書館と何が違うの？〟と言われることが多いですが、本との偶然の出会いを演出するような、図書館とは違った出会い方を提案していきたいです」と準備段階から関わる所長の音喜多信嗣さんは話す。市内の本屋と「本のまち八戸ブックフェス」といったイベントを行ったり、仕入れの協力をしたり、目に見えない部分でもインフラとしての使命を果たす。開館時には市内すべての本屋さんに話をしに行き、いまでは当たり前のように連絡を取り合っている。

「例えばブックセンターでイベントをやるとなったときに市民が主体となってくれることがあります。感覚ですがこの街には自分たちで何かをやろうという思いが強い人がいるんです。本がある場所はこれからどんどん増えていって欲しいですね」。そんな思いが伝わったのか近所にお酒を飲みながら本も楽しめるブックバーもできた。本屋は他業種と比べて〝集まりやすい〟と言われている。それぞれの得意分野を持ち寄って神保町のような街となるのだ。だがそれもはじめは小さな一歩から。良い本屋があって書く人がいて、読む人も集まって、語り合うための喫茶店やバーが生まれ、読み終わった本を譲るための古本屋ができる。そうして回る本の生態系がいまこの街には生まれつつあるかもしれない。八戸ブックセンターが蒔いた本のまちの種はいま芽吹きつつある。

本を読み、書き、語る本のまちの種を蒔く本屋

1. 館内にあるギャラリーの展示に合わせた本を置くコーナー。「ブックデザイナーの仕様書展」など作家や本づくりに関する展示が多い。2. 整然と並べられた本に挟まれてじっくりと本を選ぶ。3. 館内に2つある「カンヅメブース」。女の子が「絵本を描く」と籠ることもあったという。創作の種が芽吹いた瞬間だ。4. カーブを描く変わった本棚。5. 本棚の一角には八戸市にゆかりのある方などがセレクトした書籍を並べる「ひと棚」コーナーがある。本棚から街のことを知ることができる。6. 館内では青森県産のリンゴを使ったジュースや、県産のごぼう茶、ビールなどが飲める。

1.「愛するということ」など独特のインデックスも魅力のひとつ。どんな選書かは実際に行って確かめてみよう。**2.** 申請すれば誰でも使える店内中央の読書会ルーム。ときには読書会やトークイベントも開催される。**3.** 八戸市出身の作家・三浦哲郎の文机を再現して展示する。読書席として利用可能。「第二の三浦哲郎が生まれてくれれば」何が創作のキッカケになるか分からない。**4.** ハンモックで読書を楽しむ。ゆりかごに揺られているような気持ちで集中して本を読める。**5.** 選書しているのは元書店員のスタッフだ。本のプロが選ぶ納得の品揃えである。**6.** 館内一番奥にある天井まで届きそうな本棚は流行に左右されない長く読まれる本が並んでいる。本の楽しさに目覚めるほど面白くなる本棚だ。

八戸の文化を大切に育み
守っていく場所

［info］青森県八戸市六日町16-2 Garden Terrace1階／JR「本八戸」駅から徒歩約10分
tel 0178-20-8368／10：00～20：00／火曜（祝日の場合はその翌日）および12/29～1/1休み

Title

自分に立ち返ることができる場所

東京都
杉並区

生命の細胞が入れ替わるように
本が入れ替わり、同じようで違う本屋になっていく

ＪＲ中央線・荻窪駅。ぽつぽつと点在する個人店を眺めがら青梅街道を歩いていくと見えて来る青い看板。２０１６年に開店して以来、いまや全国的に有名になった本屋「Title」は、本と共に生きてきた男が流れ着いたひとつの生き方である。

店主の辻山良雄さんは幼いころから本に親しんできた。家の中には常に本があり、幼稚園のころには図鑑に熱中。小学生にあがると近所の書店で親から買ってもらい本を読み続けてきた。中学高校といったん本から離れるが浪人生のときにたまたま読んだ『ナイン・ストーリーズ』(新潮社)がキッカケで本と出会い直す。以降、海外文学や現代思想などたくさんの本を読んできた。就職先はもちろん本屋だ。リブロに入社し、広島と名古屋で店長を経験、池袋本店のマネージャーを経て18年間働いた同社を辞め独立。Titleを開業した。

独立したのは書店人として現場にいたかったからだ。出世すると現場から離れ管理職としての業務も多くなる。「それは自分でなくともできるのではないか」ちょうど配属店が閉店を迎えたのに加え、母親が他界するなど人生を見つめなおすタイミングだったこともあり退職を決意した。

そうして生まれたTitleには大型書店の良いところだけを抽出したような一流の棚がある。通常一人で本屋をつくるといったとき、どうしても得意不得意の偏りが出てくるものだが、ここにはそれがないのだ。誰もが求めるベストセラーもあれば、小さい書店にはまず置いていない専門書もある。リトルプレスやＺＩＮＥなど個人出版物もあれば、『コロコロコミック』(小学館)や『家庭の医学』といった日常の本もある。それらの本が緩やかにつながりながら流れるように棚を形成する。それまで近寄っていなかったジャンルの本も、棚を眺めているだけでついつい手に取ってしまう。「新刊は毎日３００冊出ていますが、ここにはその百分の一もありません。氷山の一角です。ですが、例えばここに並べる1冊を選ぶためには残りの99冊の本も知っていないといけない。それができていないとなかなかこうなりません」

「動的平衡」という言葉がある。生物学者の福岡伸一が著書の中で語った生物の定義で、見た目は同じ生物なのに細胞は毎日替わっている、その態様を表した言葉だ。辻山さんは本屋をこの言葉で語る。「生命の細胞が入れ替わるように本屋でもいつも本が入れ替わっていくことが大切です」。いまの考え方や流行にアンテナを立てながら波に乗るように店自体を変えていく。そうやって店は育っていく。とはいえ、ひとつひとつの作業は地味だ。お客さんから取寄を依頼された本を準備したり店をキレイに掃除したりパソコンの前で延々と作業したり……。そういった目立たない、でも大切な仕事を丁寧に確実にこなしていく。

これまでも、これからも本と共に生きていく。そんな辻山さんにとって本とは「すぐには役に立たないかもしれないけれど、その人そのものをつくっていくもの。その人の芯をつくるもの」であり、本屋はそんな本が集まる「自分に立ち返ることができる場所」だという。だからだろう、この店に入ると焦ったり不安だったりした心の波がすっと鎮まる。それでいてどこか研ぎ澄まされていくような凛とした感覚になる。Title。穏やかな清流のような店である。

1

築70年を超える古民家で荻窪という街に寄りそって

1. 荻窪という土地を選んだのは、地に足のついた生活があると感じたことから。偶然出会い「なにか面白そう」と感じた物件がいまの店舗だった。天井に残る大きな梁は内装工事の時に出てきたもの。「出てきたときはギフトだと思いました」と辻山さん。この建物が経てきた多くの時間を感じさせる重要な要素だ。**2-5.** 開店当初から「生活」の本に力を入れると公言してきた辻山さん。この街と同じように地に足のついた選書を心掛ける。本好きが好むような人文書や文芸書のみでなく『小学一年生』（小学館）のような、周辺住民の暮しに合わせた本も外さないのはそのためだ。

じっくりと
本と言葉と向き合える場所

7

1. あえて入り口から見えないところにあるレジ。お客さんが店員の目を気にせずじっくりと本と向き合えるようにとの気配りだ。2. 開店以降、文章を書くことが多くなったという辻山さん。店のことを中心に半生を描いた『本屋、はじめました』(筑摩書房)やTitleのロゴマークなどをデザインしたnakabanとの共著『ことばの生まれる景色』(ナナロク社)などをいままでに出版してきた。3. 立て看板の色はロゴマークにも使われたサックスブルー。4. 店内奥のカフェ席では、辻山さんの奥さん手づくりのスイーツや、何度も飲み比べて生み出したオリジナルブレンドのコーヒーが飲める。5-7. 奥の階段を上がった2階はギャラリーになっており、常時展示が開催されている。時折行われるトークイベントでは、書籍化された連続イベントもある(『考える教室 大人のための哲学入門』(NHK出版))。

[info]東京都杉並区桃1-5-2/JR「荻窪」駅から徒歩約10分
tel 03-6884-2894/12:00~19:00/水曜、第3火曜休み

本とコーヒー

tegamisha

つくり手の思いをつなぐ場所

東京都
調布市

本作りの大変さを知っているからこそ
一冊一冊、棚に大切に並べる

京王線の小さな駅・柴崎で降りてのんびりとした道を歩いて1分。「本とコーヒーtegamisha」は雑貨屋のような本屋である。それもそのはず、この店は「東京蚤の市」や「もみじ市」、「紙博」など、他にない様々なイベントを主催し、全国各地の魅力的なつくり手を紹介する編集チーム「手紙社」が運営しているのだ。イベント当日だけではもったいないと固定の店舗で継続的に作品を紹介するために生まれた。

印象的な大階段の横、日当たりの気持ち良いウッドデッキの奥にある大きなガラスと木製の扉。中に入るとコーヒーやケーキ、軽食をテイクアウトできるレジカウンターがあり、そこから先は雑貨と本の世界だ。並べる本は暮らしやデザイン、手芸の本などでその中でも特に装幀のキレイな本。店長の城田波穂さんが自身の好きなものと、この空間に合うものをすり合わせていった結果、読んで楽しいのはもちろん、雑貨のように買って持ち帰ることに喜びを感じられる本が多くなった。

20年間雑誌や会報誌などをつくってきたバリバリの編集者だった城田さんがtegamishaの店長になったのは〝たまたま〟のことだった。現店舗の2階にあった同じ手紙社の店「手紙舎 2nd STORY」に立ち寄った際に偶然1階に書店ができること、そしてオープニングのスタッフを募集していることを知った。それが、たまたま編集者としての20年間のキャリアに一区切りをつけ、次に何をしようかと思いあぐねていた時期だったのだ。採用募集を見るまで本屋になろうなんて思ってもみなかったという。「一冊一冊が血の結晶のような思いでつくられている本をある意味、純粋な読者の立場で気楽に選んで並べることができる本屋の仕事って実は最高なんじゃない？ そのときはじめてそう思ったんです」

働き始めた当初こそ、選書やイベントについて代表への確認が必要だったが、しばらくすると本屋についてはすべてを任されるようになっていった城田さん。身をもって本づくりの大変さを知っているからこそ一冊一冊に愛をもって接し、棚に大切に並べる。

２００８年から続いている手紙社。イベント、雑貨、カフェを中心に、自分たちが「ワクワクする」と思ったつくり手たちの作品と思いを編集して伝え続けてきた。店ではそうやって10年以上もの間、丁寧に信頼関係を積み重ねてきた、本や雑貨、お菓子など様々なつくり手たちの本が新しく出版されると分かれば、関連するフェアやイベントを積極的に行う。つくり手のファンが集まり大型店でない本屋としては驚異的な数字を売り上げたこともあるという。ここがただの本屋ではなく、つくり手とファンの思いをつなぐ場所だからこその結果だろう。

新型コロナウイルスが蔓延し小売店の状況が厳しい状況の中でもそうやって築き上げてきたつくり手との輪がtegamishaを、そして運営する手紙社をも支えているという。オンラインへの転換が必要な中、多くのつくり手が製本教室や絵本講座などの配信に協力してくれたのだ。中には連続講座になったものもある。

本とコーヒー tegamisha。雑貨と本とお菓子にコーヒー。ふだん何気なく楽しんでいる愛おしいそれらの裏側にいる、つくり手たちの愛がここには詰まっている。

どんなつくり手に
よるものなのか
思いを馳せて
本を手にとる

1

1. 店内のテーブルではコーヒーを飲みながら本を選ぶことができる。それぞれの本がどんなつくり手によるものなのか思いを馳せる。テーブルのハンドレタリングは黒板アートの第一人者CHALKBOYによるもの。**3.** スタッフが塗装した奥の壁には壁時計の中にドライフラワーをあしらったatelier coin 大護慎太郎さんの作品が。ちょっとした気配りが空間の質を保つ。
4. 一冊一冊を大事にするからこそ本の並びには気を遣う。ガタガタと乱れてしまうときもあるのでコマメに手を入れる。

にじ
たふの里
あかいしろくま
できるよ！みてみて！
ぼくの
きょうりゅう
かんさつ日記
OCEAN HUNT
DINOSAUR HUNT
おむつのなか、
みせてみせて！
しろくま

1

煎りたてのコーヒーの
香りに包まれて
本を、文房具を選ぶ小さな喜び

1. 装幀が良い本と言えば絵本。幼児向けの本もあり、中には仕掛け絵本も。子供と一緒でも楽しめる店だ。2. バックヤードには大型の焙煎機。これだけ大型のものをカフェの店内に置くのも珍しい。ここでスタッフが焙煎した絶品のつくりたてコーヒー豆も購入できる。3. スタッフ厳選の文房具。創作スケッチや旅の思い出を記したくなる筆記具がたくさん揃う。4. コーヒーなどをテイクアウトもできる。定番のチーズケーキをお持ち帰りできるのは嬉しい。5. 外壁のタイルが美しい。2階は雑貨と喫茶がメイン。1階で本を楽しんでから2階に寄るのも楽しそうだ。

[info] 東京都調布市菊野台1-17-5 1階／京王線「柴崎」駅から徒歩約1分
tel 042-440-3477／11:30〜18:30（土・日曜・祝日は〜18:00）／月・火曜休み（祝日の場合は営業）、年末年始休み

museum shop T

アートと気軽に出会える場所

東京都
国立市

誰もが気軽に立ち寄れる
地域の文化と本のある場所

春には大学通りの桜を見に大勢の人が訪れる国立。一橋大学をはじめとして多くの学校があり本屋の数も多いこの地に地域の文化と本のあるお店「museum shop T」はある。駅からしばらく歩くと見えてくる古いビル。レストランに居酒屋にスナック、まさかここにアートの店があるとは思えない。そんな雑居ビルの急な階段を3階まで昇ると異彩を放つ空間が出現する。白いドアを開ければそこは異空間。白木の本棚にデザイン書や図録を中心とした本とアートピースが整然と並べられ、奥のギャラリーでは展示が行われる。洗練されていながらもどこか気安さの漂う空間だ。そうここは本屋ではない。ミュージアムショップだ。アートと気軽に出会える場所である。

「本を読まない人は本屋に来ないのと同じで、アートに興味がない人はギャラリーに来ない。でもミュージアムショップなら誰もが気軽に楽しめると思うんです」そう話すのは店を運営する「株式会社と」の代表・丸山晶崇さんだ。「僕は本も花も作品も全部同じレベルで捉えていて、だからアート作品だからといって構えないで欲しい」

そんな丸山さんはグラフィックデザイナーとして数社での経験を経て独立。しばらくして本を中心としたコミュニティスペース「国立本店」で店長をすることになったのが国立との出会いだった。そのころは別の場所に暮らしていたが、デザイナーの仕事と兼業して事務所としても店を使っていたので毎日通ううちに友人も増え、居心地の良いこの街に引っ越すことになった。「国立本店で店長をし始めた２０１０年ごろは、デザイン事務所というものは都内中心部にある限られた人のための場所でした。それが国立本店を事務所兼店舗として運営しているとデザインの仕事をしている最中にもお客さんが入ってくる。用がない人がデザイン事務所に来るその感じが面白いなと思いました」

街に開くことをこのころから始めていたのだ。そうしてmuseum shop Tの前身「circle gallery & books」を同じ国立の谷保で開店。本を扱うようにしたのは自分の仕事と一番近いものだったからだ。「それに結局本が好きだったから」と丸山さんは言う。現在の店舗に移ったのは２０１７年のことだ。変わった店名の由来はミュージアムという言葉への丸山さんの思いから。「ミュージアムは一般的に箱のことを指しますが、地域に住んでいる作家や観に来てくれる人など含めたその地域の生態系みたいなものをミュージアムとして捉えた方が正しいんじゃないかと思っているんです」

雑貨や展示で多摩地域の作家を紹介するのが多いのも同じ理由からだ。90年代に立川で現代美術が〝スタジオ食堂〟を中心に盛り上がったことがあるが、結局根付かなかった。それは彼らの活動をプッシュするコミュニティが地域になかったからだという。翻って、国立には作家がたくさんいるのにあまり街の人には知られていないうえ、活動できる場所が少ない。「店が彼ら彼女らをサポートする場になればと思っているんです」

アートは難しくて高尚なものと思うかもしれないが、本当は身近で、でももしかしたら自分にとって掛け替えのないものになるかもしれない。そういうものだと考えることはできないだろか。museum shop Tに来るとそんなことを考えさせられる。

1. ビルの内壁は目にも鮮やかなエメラルドグリーン。扉の白が良く映える。2. 4. 長方形のボックスをひとつの単位として様々なジャンルが並ぶ。デザイン、アートはもちろん、建築や写真、民芸、文学、人文などだ。創作の糧になるような本が多い。3. 作家と一緒に作品集を出版することもある。大小島真木さんによる『鯨の目』や池田光宏さんによる『眺めのいい近所』など。

大切につくられたものたちが
大切にひとつひとつ
並べられる

3

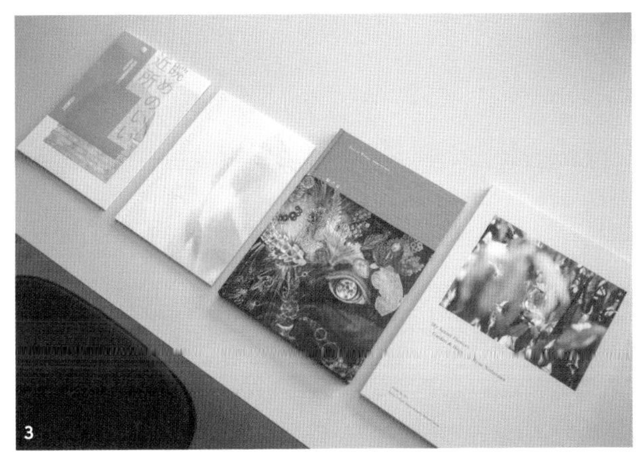

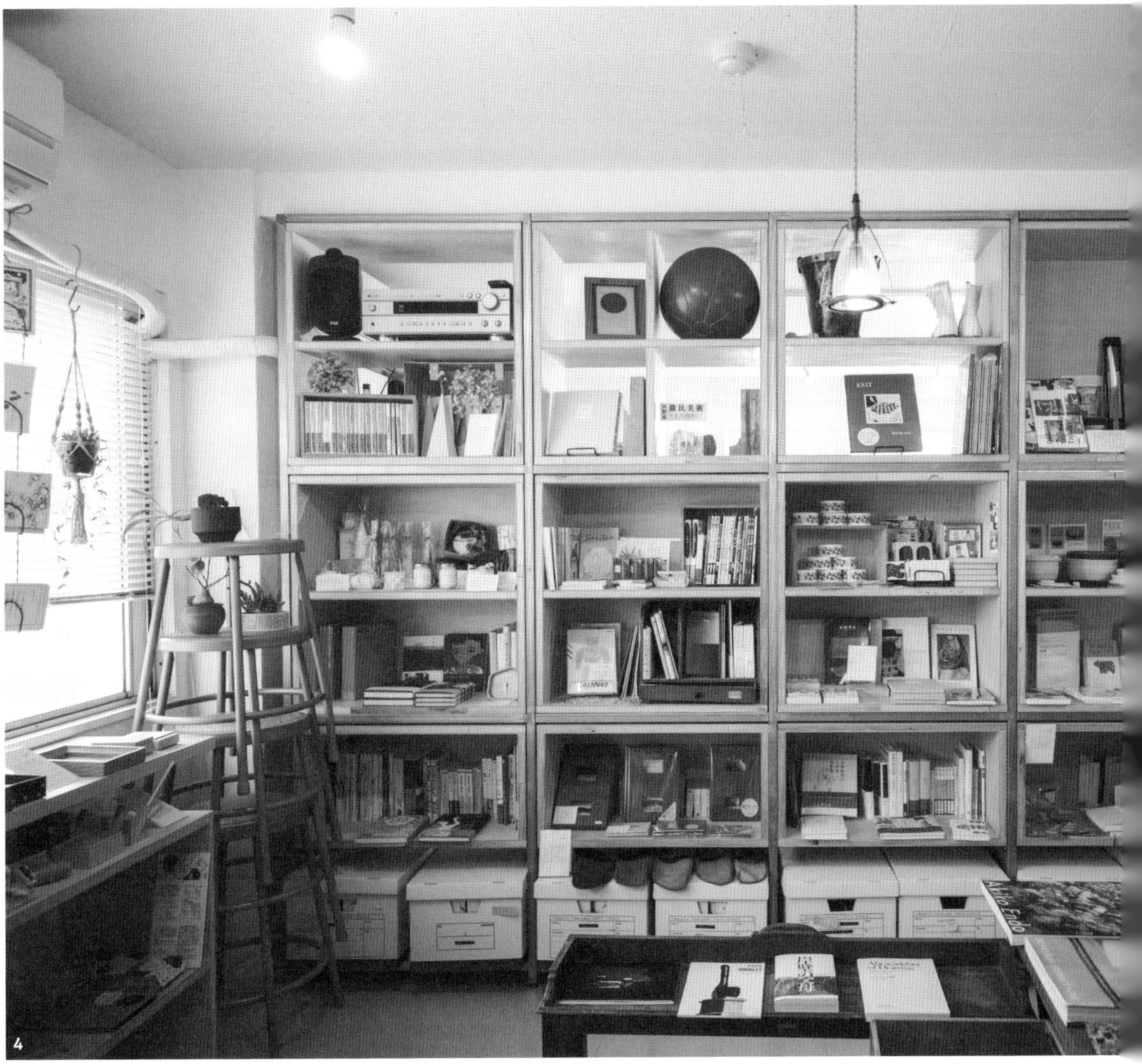

4

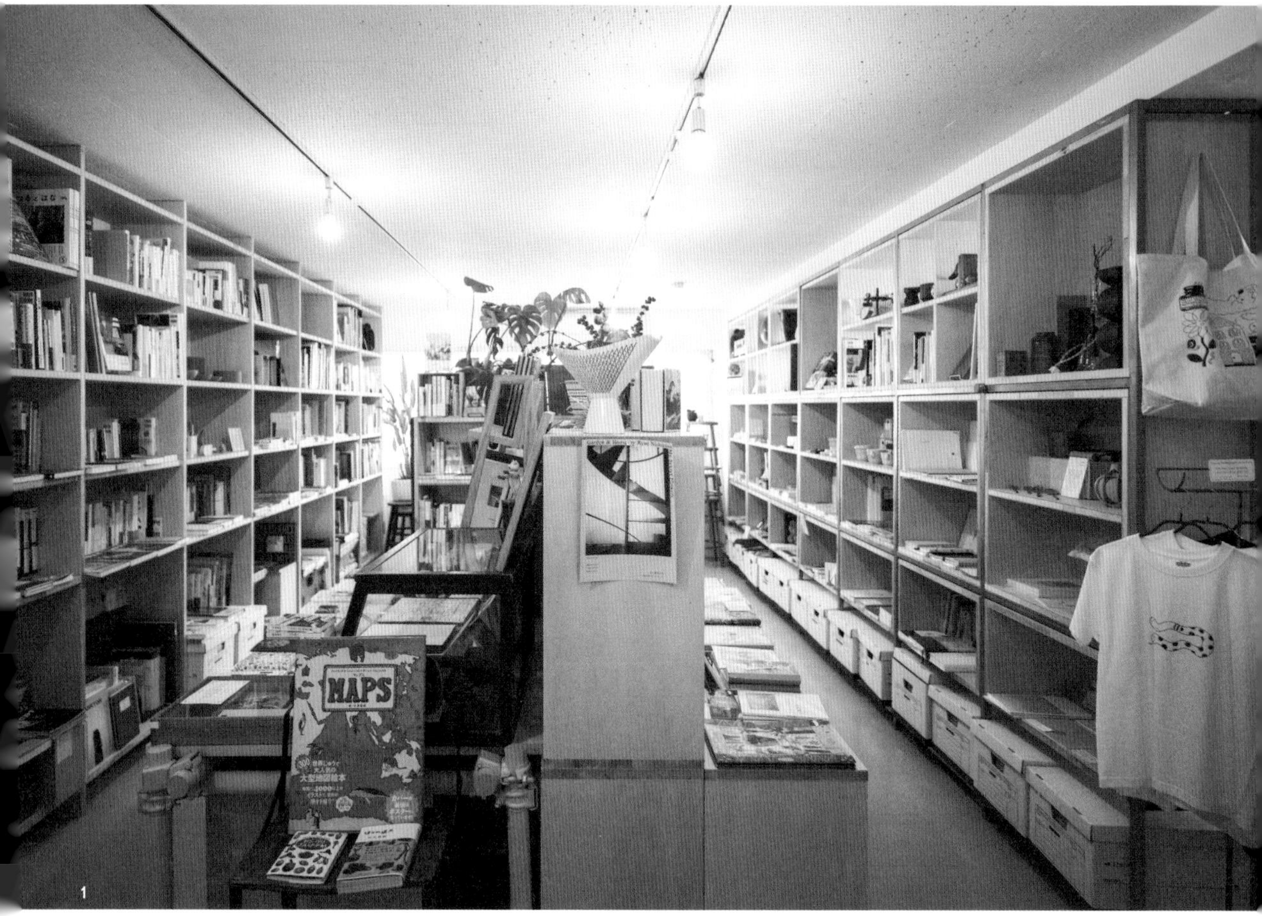

THOMAS
RUFF
3

私たちは、毎日、毎日、何をしているのだろう?
宮澤賢治 愛のうた
橙書店にて
田尻久子
「家庭料理」という戦場
暮らしはデザインできるか?
作って、食べて、考える。
中国手仕事紀行
街灯りとしての本屋
やがて忘れる過程の途中
(アイオワ日記)
滝口悠生
岐路の前にいる君たちに
見晴らしのよい場所へ立つために
2

地域の生態系のような小さなミュージアム

1. 入って左手の棚に本、右手の棚に雑貨が多い。2.『街灯りとしての本屋』(雷鳥社)、『橙書店にて』(晶文社)など本屋の本が平積みされていた。3. 店舗奥には株式会社との事務所がある。国立本店時代から美術館に関するデザインを行うようになり、そこから国立出身の作家たちとつながっていったという。4-5. 本屋が扱う雑貨としては珍しく、食器類も並べる。スタッフと相談しながら選んでいるという。これをつくった人が近所に住んでいるかと思うとソワソワしてくる。6-7. 店内に置かれた観葉植物や果実。花器やその配置の絶妙な塩梅はさすがデザイナーである。

[info] 東京都国立市東1-15-18白野ビル3階／JR「国立」駅から徒歩約3分
tel 042-505-9587／12:00〜19:00／月・火曜休み

本屋イトマイ

本と共に過ごす静かな時間

東京都
板橋区

日常から離れた場所で読む本は特別なものになる

「本を買って読む」というシンプルだが本好きにとって最も大事な体験にこだわった店「本屋イトマイ」。池袋駅から東武東上線に乗って約10分、板橋の田園調布とも呼ばれる閑静な住宅街・ときわ台駅から歩いてすぐの場所にそれはある。雑居ビルの1階奥、牛丼屋チェーンを通り過ぎた先にある木製の扉を開け階段を昇るとパッと視界が開ける。目の前が本屋だ。雑誌に実用書に小説にとオールジャンル揃える街の本屋である。本屋に向かって後ろ側は喫茶スペース。オリジナルブレンドのコーヒーやクリームソーダなどこだわりのドリンクと軽食を揃え、ランチにはスパイスカレー。席はほとんどが一人席だ。メニューには「会話はお控えください」の一文。本と共に過ごす静かな時間がここには流れている。

上品で特別なこの空間をつくったのが店主の鈴木永一さんだ。大学で現代美術を学び、大学を首席で卒業した後、地元の新聞社に就職。デザイン職として3年間働いたのち退職、上京し、デザイン事務所で働き始めた。「学生時代はアーティストとして生計を立てることを考えていました。就職氷河期だったにも関わらず地元の優良企業に運良く就職もできた。でもそこで現代美術に対するモチベーションが下がってしまい製作も捗らなくなったんです」。気分を変えるため東京に来たものの製作は進まない。そんなとき作家・保坂和志の小説と出会いその面白さに気付かされた。ずっと現代美術が最高だと思っていたが、それ以上のものを見つけてしまったのだった。

よほどの本好きかと思いきや本格的に本を読み始めたのはこのころだという。それから小説を中心に周辺の作品を読み漁る日々が続いた。本屋への道に最初に導いたのは雑誌『&Premium』（マガジンハウス）の本屋特集で知った本屋B&Bだった。「こんな本屋があるんだと驚きました」。ちょうどそのときにB&B共同経営者の内沼晋太郎さんが本屋講座を開催していることを知る。絶対受けたほうがよい、感覚的にそう思った。参加して出版業界の基本から本屋の可能性まで幅広く学んだ。「それまでは本屋になるだなんて考えてもいませんでしたが、〝自分もやれるんじゃないか〟と思うようになりました」。イトマイに大きな影響を与えた「本を読める店 fuzukue（フヅクエ）」との出会いもこのころだ。私語厳禁の読書に特化した店である。「衝撃的でした。自分の理想がすべてそこにあるように感じました」

偶然にも店主の阿久津隆さんが本屋講座の第1期生だったこともあり、講座終了後も店舗運営を勉強させてもらったり内装工事を手伝ってもらったりと現在まで続く関係となった。そうして講座から3年間の準備期間を経て２０１９年春、ときわ台に本屋イトマイを開店した。もうひとつ多大な影響を受けたという高円寺にある私語厳禁の店アール座読書館、そしてB&Bの雰囲気を自分なりに解釈し再構築。そのほか準備期間中に調べた店を参考にして、ほぼ自分の手でつくり上げたという。まるで異なる素材を組み合わせて別のものをつくり上げるコラージュのようだ。だからだろうか。イトマイは気品がありながらも入りやすい敷居の低さがある。こだわっているようでこだわりすぎていない。絶妙なバランスの上に成り立つ空間。日常から離れたこの場所で読む本はきっと特別なものになる。

階段を昇って
忙しい日常から
静かな読書の世界へ

1. 喫茶スペースから本屋側のスペースを眺めるだけでも幸せな気持ちになる。2. 緩やかなカーブを描く階段を昇っている間に日常から読書のための時間に気持ちを切り替える。3-4. 購入したくなる素敵なアンティーク家具に並ぶ本。新入荷コーナーやフェア台など本が探しやすいのも嬉しい。格好良さと分かりやすさがうまく同居している。

4

2

本を選び、本を読む
静かで充実した
時間が流れる

1

5

4

3

1. 鈴木さんは本屋と喫茶スペースの間にある小屋のような場所にいる。2. 鈴木さんのお勧め2冊。3. 基本は一人席だが窓際のここは二人席。4-5. 店を立体的に楽しめるロフト席。下の席で籠るのも良し。上の席で店を見下ろしながらのんびりと寛ぐのも楽しい。6-7. それぞれの席の近くやテーブルには異なるジャンルの本が並ぶ。8. リビングルームのように居心地の良い喫茶スペース。さりげなく置かれた家具に鈴木さんのセンスを感じる。9. 駅前でアクセスは良いが「ここにあるのか」という場所にあるので注意して探そう。

[info] 東京都板橋区常盤台1-2-5 町田ビル2階／東武東上線「ときわ台」駅から徒歩約1分
営業時間・営業日はTwitterまたはInstagramで告知

コクテイル書房

時を遡っていく古本酒場

東京都
杉並区

知に関するあらゆることを行う
江戸時代の本屋のような場に

高円寺駅から北中通り商店街をしばらく歩くと見えて来る、そこだけ時が止まったかのような古民家。独自の道を歩む古本酒場、「コクテイル書房」だ。

「退化していくと面白い」そう話すのは店の主・狩野俊さん。大学卒業後に勤めた洋書店が2年で閉業してしまい「それならば自分でやろう」と国立で店を始めた。3年近く営業した後、高円寺に移転。そのころから先の心境に至る。時は2000年。流行の兆しを見せ始めていたブックカフェとの差別化を図る狙いもあった。文士料理を始めたのもこのころだ。『檀流クッキング』（中央公論新社）に出てくる「大正コロッケ」など、作家が書いた本に出てくる料理をアレンジして提供するようになった。

高円寺に来てからも移転を2度行い現在の場所に落ち着いたのは十数年前のことだ。物件の決め手はもちろん「古さ」である。大正時代からのものだという建物を4カ月かけて友人の彫刻家と改装。悩みながらフィーリングでつくっていった。その姿勢で今でも頻繁に改装するという。「サグラダファミリアって自分では言っています」とぶっきらぼうに狩野さんは話す。確かにこの店は来るたびにどこかが変わっている。常に更新し続けているのだ。特に変わったのは入り口部分。数年前までは表通りに面した部分は中が見えない格子戸で看板もない。開いているのか分からない、とても初見で入れるような場所ではなかった。生半可な気持ちでは入ってはいけないような雰囲気だった。それがなぜ変わったのか。

「当時は自閉症的だったんでしょうね。つい最近までお酒がないとお客さんと話すこともできなかった。内装をずっと変えているのは自分の内面が店に反映されているようなもので、もしかしたら自分にとっての箱庭療法みたいなものだったのかもしれない」。独自の治療の成果か、数年前から街に開き始めたコクテイル書房。読まなくなった本と交換して棚にある本を持っていくことができる「まちのほんだな」というサービスも始めた。「例えば2、3年前のベストセラーは古書としては価値がないのですが、読みたいかどうかでいうと手に取る人はたくさんいるんです」。古本屋に馴染みのない人にも「まちのほんだな」という仕組みなら本を届けることができる。読書の種を撒いているのだ。

文士料理からより自由な形に変化を遂げた創作料理・文学メニューもその一環。取っつきにくかった名作たちが食べていくうちに急に親しみやすくなるから不思議である。なかなか売るのが難しいと言われる文学がここではよく売れることも納得だ。さらに古本酒場の枠を超えて『文学カレー』をつくるための缶詰工場も始めることになった。今までに夏目漱石と太宰治をイメージしたカレーを手掛けたが、もっとマイナーな作家にも挑戦する予定だ。

「江戸時代の本屋になりたいんです。当時の本屋は古本も新刊も扱って出版もする。場所によっては寺子屋も開いていた。いま2階で習字教室をしていますがそれだけでなく色々な寄合に使ってもらいたいんです」。知に関するあらゆることを商う場所が本屋だったのだ。「退化」という言葉にはどうしても負のイメージが付きまとう。だがどうだろう。退化を目指したコクテイル書房の行く先には新しさと希望が見えている。

50円
円寺大均一祭
TOY TRAIN
28

東京とは
まるで思えない
郷愁に包まれて

美味しい料理と
美味しいお酒とともに
「本」に酔う

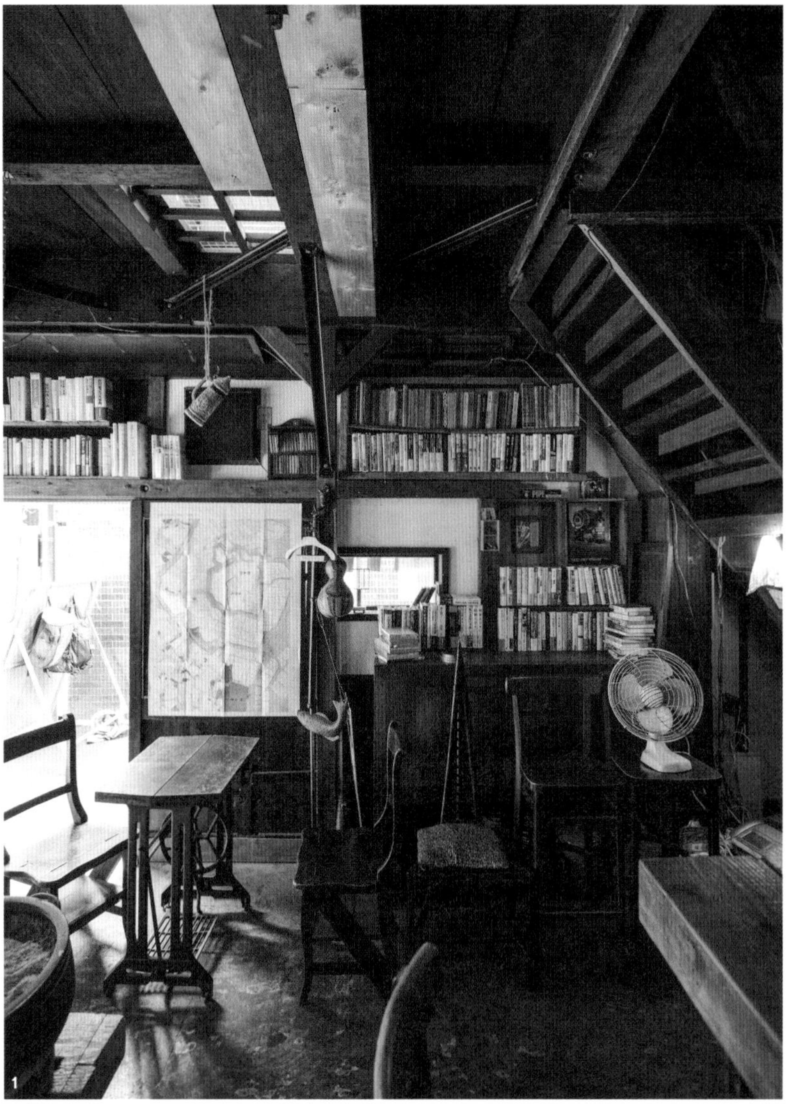
1

3

2

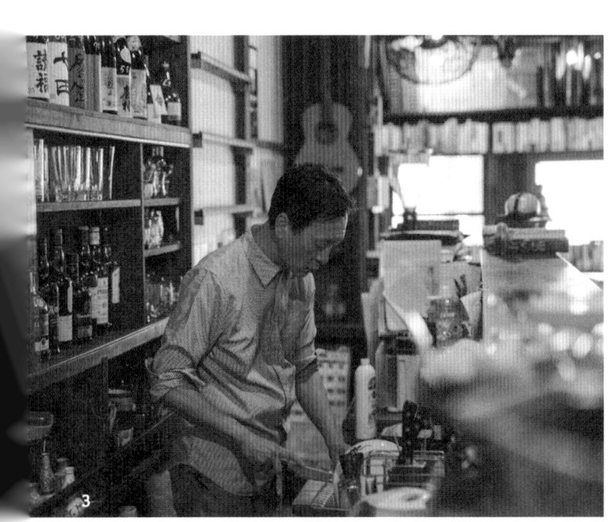

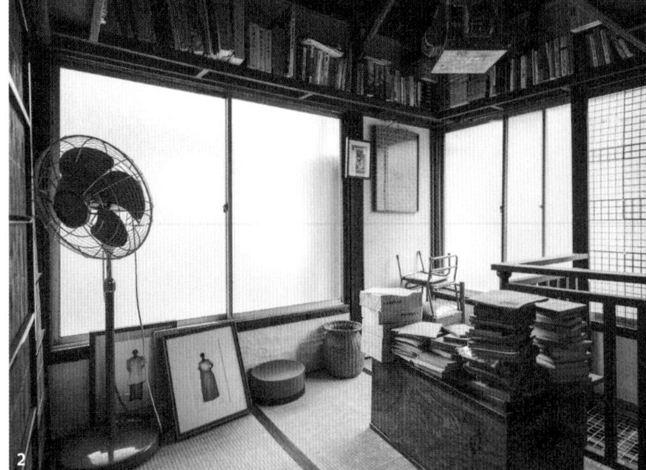

1. 土間、年季の入った家具、古びた扇風機、昔にタイムスリップしたような感覚に。2. 2階の和室はついつい長居したくなる。3. 台所で忙しく料理をつくる狩野さん。その独特の魅力に惹かれ多くの本好きが訪れる。4. 時代劇に出てきそうな佇まい。店内の薄暗さが期待をそそる。5. 路地側の壁一面はまちのほんだな。交換と言いながらも常に綺麗な本が並ぶように狩野さんが管理している。一朝一夕で読書の種は芽吹かないのだ。6. 好評ですぐに完売した「文学カレー漱石」。好物だった牛肉をメインにスパイスは胃痛持ちだった漱石に寄り添った調合に。7. 木彫りの看板からコクテイルはCOCKTAILから来ていることが分かる。「いろいろなものが混ざったほうが面白いから」という『無境界家族』(集英社)の一節から。

[info]東京都杉並区高円寺北3-8-13／JR「高円寺」駅から徒歩約5分／tel 03-3310-8130
昼の部 11:30〜15:00、夜の部 18:00〜23:00／昼の部 火・水曜休み、夜の部 無休

フリッツ・アートセンター

小さな種を蒔く本屋

群馬県
前橋市

井戸を掘って、木陰をつくっておくこと
子供たちのためにできることをこの場所で

前橋駅からバスに揺られて20分。バラ園で有名な敷島公園の傍ら、絵本屋と書かれた看板の先にあるのが「F-ritz art center（フリッツ・アートセンター）」だ。敷地の中にはたくさんの仕掛けが溢れている。大きな木の根元にはパン屋、小さな丘の上には井戸、赤い大きな丸屋根の建物の入り口にはコーヒースタンド。中に入れば有名な絵本『タンタンの冒険』のオフィシャルショップとCDショップ、そして本屋もある。絵本やアートブックに人文書、作家が時折小説を書きに来る書斎があり、ギャラリーでは絵本の原画展も行われる。まるで絵本みたいな不思議な場所は、驚くべきことにある一人のロマンチストがつくり上げた。

その男とは代表の小見純一さん。前橋市の中心商店街で生まれ育った。高校卒業後からニューヨークを中心に世界を旅し、70年代後半のパンクやアートなど当時の最新カルチャーの洗礼を受けた。帰国後、アートセンターをつくろうと思い立つ。ギャラリーやアトリエ、ライブラリーのような本屋があって作家が立ち寄ってくれる。〝良い表現〟と気軽に出会えるそんな場所。しかし、前橋の街は空洞化し始めており文化的に不毛な地になってしまっていた。そこでまず文化の土壌をつくるために始めたのがフリッツの前身、カフェ「RITZ」だ。飲食以外にも展覧会や演奏会、当時としては珍しいカフェウェディングも開催。時代の追い風もあり開店から8年後、ついにフリッツ・アートセンターを開館した。

「アート」と名付けながら絵本屋なのは、場が閉じてしまわないように。当初は写真集やアートブックを揃えて始め、展覧会も開催したが、アート好きな人にしか届かなかった。「こんなことをしたかったんじゃない、だから思い切って絵本に舵を切りました。そうしたのは子供たちに種を蒔こうと考えたからです。火花を散らすようなアートとの出会いを子供たちにしてほしい」

そこから27年間、様々な事件を起こして来た。くまのプーさんの絵本原画展をはじめとした数々の展覧会や演奏会や演劇、ダンスなどのイベントも開催。さらに公園でテント芝居、街なかの空き店舗をギャラリーに、閉館した映画館を再生したこともある。驚くべきはいまだに変化し続けていることだ。冒頭のパン屋やCDショップ、井戸ができたのは2019年のこと。2020年の春には、子供たちと共に敷地内にモミの木を植えた。「ここは『モモ』（岩波書店）のファンタジーの世界に行って一瞬でもいいから幼いころの夢を思い出して、そうして日常に帰って来て欲しい」

「子どもたちの 子どもたちの 子どもたちのために」小見さんが35年前、カフェRITZを始めた時につくったコンセプトだ。「100年後の子どもたちに残せるものって何だろう。そう考えたときに自分にできることは井戸を掘っておくこと。雨宿りできる木蔭をつくっておくこと、そういう場所をつくりたいんです」

何かの情報を得るために本を読む。そんな近視眼的な本が多くなってしまった現在から距離を置いてひと息つきたいとき、「焦らなくてもいいんだよ」と優しく声をかけてくれる。フリッツ・アートセンター。ここは日常を過ごしていると忘れてしまう、もしかしたら些細な、でも大切なことを思い出させてくれる、そんな場所だ。

宝探しのように
本やアート、小さな仕掛けを探して

1. よく見ていくと様々な仕掛けがある店内。見上げるとそこにいた小熊は何をしているのだろう。2. 店内一番奥がギャラリー。オルガンは[『水の絵本』長田 弘・荒井良二展]の時から置かれた「ロバのオルガン」。絵本作家・荒井良二さんの絵が描かれた貴重なものだ。3. 飾るように置かれた絵本。本箱は作家・ミロコマチコさんがライブペインティングをした。重ねると巨大な鹿になる。自分だけの一冊を探そう。4. 2階は26年間、フリッツアートセンターと共にある美容室LE SALON。5. 7. 前橋在住の作家・絲山秋子さんが不定期で通う書斎・絲山房。中には絲山さんの蔵書や執筆資料が並び、学習机には絲山さんが不在時のための連絡用ノートも。6. 写真集や人文書など大人向けの本も並ぶ。前橋出身の無店舗本屋suiranが選書した古本コーナーもある。

絵本みたいな場所で
ほっとひと息ついて

4

1. 大きな椎の木のある前庭の名前は「カナウニワ」。日替わりで店主が変わるコーヒースタンドもあり、マルシェも定期的に行われる憩いの場所だ。2-3. 小見さんのタンタンとの出会いは幼少期。叔母からプレゼントされた。「自分にとってのご神木みたいなもの」と本は大事にするものと思うようになった原体験という。4. パン屋「four à bois（ア・ボワ）」はフランスから持ち帰った薪窯でパンを焼く本格派のお店だ。パンを片手に絵本を緑豊かな庭で読む。素晴らしい時間。5. 絵本屋だからこそ、平積みにされた絵本以外の本が気になる。6.「本屋のありようはあたらしい公共を考える上でも戒めるべきところがあるのかもしれない」。未来を見据えながらこれからも融通無碍に小見さんは動いていく。

6

5

3

［info］群馬県前橋市敷島町240-28（敷島公園内）
JR「前橋」駅からバスに乗車、「敷島公園北口」または「敷島公園バスターミナル」で下車後徒歩約15分
tel 027-235-8989／11：00〜18：00／火曜休み（祝日の場合はその翌日）

石引パブリック

お客さんとともに変化し続ける

石川県
金沢市

インプットだけでなく
アウトプットもできる場所に

本屋は本を買う場所。そんな固定概念を崩してくれる本屋がある。印刷できる本屋「石引パブリック」だ。この店、中に入るとまずその構造に驚く。3層になっているのだ。半地下と1階が本屋とカフェ。中2階にはリソグラフ印刷機が置かれる。「本屋はインプットする場所ですがアウトプットもできる場所になれたらと思って」そう話すのは店主の砂原久美子さんだ。

砂原さんは東京の大学を中退後、DTPオペレーターの職に就いた。少しずつ技術を高めてステップアップしていったが、家族の事情で生まれ故郷の金沢に戻ることになり、それを機に独立。仲間とデザイン会社を設立するが、5年ほど経ったあるとき転機が訪れた。一緒に経営していた仲間が辞めることになったのだ。「出産などいろいろなことを経験して、それまでとは違うことをしたくなっていました。どうしてもマスの仕事になりがちな広告の仕事にしんどさを感じていたんです」。そこで次に選んだのが本屋の道だった。デザイナーという仕事柄、新刊書店によく行っていたが、2009年に洋書やデザイン書なども扱っていたリブロ金沢店が閉店して以来、自分の欲しい本が買える場所がなくなってしまった。「金沢は個人店も多く、そのうち誰かがセレクト系の本屋さんを開くだろうと待っていたんですが、誰も手を挙げない。それなら自分でやろうと思ったんです」

それからは本屋を開くために体当たりで情報を得ていく。というのも、開業の準備を始めた2014年当時は新刊書店のノウハウに簡単にアクセスできる状況になかったのだ。そこでまずは現場で学ぼうと大型書店での面接に臨むが不合格。しかしそこで諦めないのが砂原さんだ。大型書店がダメならと地域の書店に頼み込んでホームページの作成の手伝いをする代わりにノウハウを教えてもらった。その傍ら、参考になりそうな店や人がいれば県外であっても直接話を聴きに行き、仕入れルートも開拓していった。「はじめは専門用語が全く分からないから連絡するのもひと苦労で」

そうして始まった石引パブリック。はじめに仕入れたのはデザイン書や人文書だ。表現する人のテーマになるような本を集めていたが続けていくうちに少しずつ変わっていく。「ジャンルこそ変わりませんが、お店に来てくださる方達につくってもらっているとしか思えないような選書になりました」。毎月、開催していた読書会の影響も大きい。大学の先生やとある本の舞台となった海外の街を実際に旅した人が進行役になることもある。そういったお客さんが並ぶ本にも影響を与えている。

印刷も手掛けるようになったのは、前職の経験からだ。「フライヤーやショップカードなど個性的なツールをつくりたい個人店も多いのではと思ってリソグラフ印刷を始めたら、当初から注文があり、少しずつ広がっていきました」ZINEなどの個人出版物を制作することもある。

一見無鉄砲ともいえる行動力で自分なりの本屋をつくり続ける砂原さん。その懸命さに惹かれて多くの人が訪れ、力を貸し、またそれに応えて、店も変わっていく。お客さん同士の交流も増え、それがまた新たな何かを生み出す。「パブリック＝公共」というものが何なのか。石引パブリックはそのことをあらためて考えさせてくれる場所である。

誰もがアウトプットできる
その可能性を見せてくれる

1

2

1. コーヒーだけでなくオーガニックティーやチャイなど充実したドリンクとクロックムッシュなど軽食も出す。カフェとして考えても素敵な店だ。2. 4-5. 中2階への階段を昇るとそこは印刷所。大きな作業テーブルに印刷機、材料となる様々な種類の紙が専用の棚に置かれている。壁にはいままでの実績が所狭しと貼られており、街から求められていることがよく分かる。3. 店内入ってすぐ目に映る光景。本棚を見降ろして、どんな本があるのか胸を高鳴らせる。

5

4

金沢のこの地で
パブリックとは何かを
考え続ける

1

3

2

1. 入ってすぐ左手の本棚。デザイン書など表紙が美しい本が多く見ているだけで良い気分になる。2. 富山出身のライターによるミニコミ『郷土愛バカ一代』など個人が出版する本を扱うコーナーも。3.「龜鳴屋」など地元の小出版社の本も並べる。他ではあまり見ない貴重な品揃え。4-5. 石引商店街の中ほど、老舗カレー屋と酒蔵の間にある。全面ガラス張りの入り口と外には少しだけ100・200円均一の古本も販売。本だけでなく、カレンダーなどリソグラフ印刷でつくったオリジナルグッズも置いている。

［info］石川県金沢市石引2-8-2 山下ビル1F／JR「金沢」駅からバスに乗車、
「小立野」で下車後徒歩約1分／tel 076-256-5692／13：00～19：00／日・月曜休み

オヨヨ書林

暗闇に明りを灯す小さな光

石川県
金沢市

ポツンポツンと小さくても灯りがあったほうが歩きやすい

かつては天下の書府と呼ばれ、2004年に21世紀美術館が完成してからはアート好きにも親しまれるようになった金沢。「オヨヨ書林シンタテマチ店」は古本世界を漂ってきた一人の男がこの街に流れ着いてつくり上げた店である。しかも、シンタテマチ店をはじめ、金沢と富山で合わせて3つの店をつくり上げたというから凄い。無類の本好きのその男は、山崎有邦さんだ。

富山に生まれ、学生時代から古本屋やレコード屋に通いつめていた。岡崎京子やピチカート・ファイブといった渋谷系カルチャーに影響を受けて東京の大学に進学。このころから神保町の古本屋街でさらに深みにハマっていく。卒業後は3000冊を超えていたという手持ちの本を売ることで生きていこうとインターネット通販を開始する。さらに古本の販売にも取りつかれて古書組合にも参加。プロ同士の古書交換会に出入りして仕入れを強化した。実店舗を持たない古書店の中では、当時はじめての参加であったということからも情熱の高さが窺い知れる。

やがて、知人の店舗を受け継ぐ形で東京・文京区の根津に実店舗を開店。5年ほど後に、青山の一等地に移転するが1年で断念し、2010年、金沢に移ってきた。

「東京は古書の世界で言うメジャーリーグのようなもの。交換会に10年間通ってきましたが、並みいる先輩方がいる中で限界を感じていました。一度、距離を取ってクールダウンする必要があったんです」。そこで実家の富山から近い場所で店舗を探したところ、今の場所に流れ着いたのだった。

金沢21世紀美術館があるため観光客も多く、街のサイズも大きすぎないので再出発にはちょうど良い土地だった。本は東京からそのまま持ってきたが、続けていくうちに品揃えが変化していく。東京にいたときはデザインや写真などの得意ジャンルに絞っていた。「マニアの要望に応えられる一流の割烹のようなものを目指していました。仕入れでもとにかく自分の好きなものをもっと見てみたい気持ちが強かった」。それが、金沢に来てからは変化した。郷土史や伝統工芸の本など未知のジャンルの本まで幅広く扱うようになったのだ。「好きな本だけでなく、見たことないものを見たいっていうのが強くなって、いまは大衆食堂のようなイメージになりましたね」という。

だからだろう、お客さんの家に本を買取に行くときはなるべく自身が訪ねる。本以外に発見する落書き帳や書き付けといったちょっとしたものを見つけるのもひとつの楽しみだ。そうやって10年間続けていく中でシンタテマチ店のアルバイトが「せせらぎ通り店」をつくり、富山にも2店ものれん分けした店ができた。「買取や市場で知らなかった本を扱うことができれば最悪自分で売らなくてもいいんです」と山崎さん。本屋という場所があればいいのだという。

「例えば、知識は光だとよく言うけれど、それなら本屋は街灯だと思うんです。大型の書店はナイターをやるような球場。煌々とした光を放っている。一方で、オヨヨ書林のような小さな本屋は一人か二人しか通らないような夜道にある光なんです。だけど、ポツンポツンとでも灯りがあったほうが、みんなは歩きやすいですよね」

オヨヨ書林。この広大な暗闇に包まれた世界を知識で照らすための光をそっと灯し、護り、受け継いでいく存在が金沢には在る。

9.20–23 KANAZAWA FILM FEST 2019
カナザワ映画祭
永井
展
デザインに
なにができるか
2019.5.18
9.23
芸術新潮
L magazine
RUGGED FACE
芸術新潮
OYOYO
SHORIN

天下の書府金沢で
街を優しく
でも確かに照らす
オヨヨ書林という灯り

古本の世界を漂ってきた
無類の本好きが
つくりあげた小さな本の城

1. 看板猫は山崎さんの愛猫・福次郎。捨て猫だったのを拾ったという。普段は2階の倉庫に。**2-5.** 店内は所狭しと本・本・本が並ぶ。昔ながらの古本屋といった風情だ。主なジャンルはアートと文芸。店名の由来となった『オヨヨ島の冒険』（KADOKAWA）をはじめ著者の小林信彦の本も多く置く。当時流行ったギャグをいろんなところからサンプリングのように取り入れた手法が山崎青年を渋谷系カルチャーの深みにさらに引きずり込んだ。奥には店内でライブをしたミュージシャンのCDや知人の新刊が置かれる。

［info：シンタテマチ店］石川県金沢市新竪町3-21／JR「金沢」駅よりバスに乗車「片町」で下車後徒歩約7分／tel 076-261-8339／11：00〜19：00／水曜休み

ナヨヨ書林
古本
ナヨヨ書林
古本

せせらぎ通り店、
オヨヨ書林の
DNAを受け継ぎ
その輪を広げていく

古い佇まいの
その建物は
古本がよく似合う

1-3. シンタテマチ店で1年修業した後に佐々木奈津さんがつくったのがせせらぎ通り店。始めたのは大正時代に建てられたという この物件に出会ったから。時代を感じる古い佇まいだからこそ古本が良く似合う。店内奥の壁面棚は壮観だ。**4-5.** アートや絵本、文芸、人文などオールジャンルを揃える。中には金沢で人気だという謡曲の本のコーナーも。そのほか店には約1万冊の本があるが、ほとんどを占めるのはちくま文庫や講談社学術文庫などの文庫だ。

［info：せせらぎ通り店］石川県金沢市長町1-6-11／JR「金沢」駅より徒歩約20分、またはバス停「南町」より徒歩約5分・「香林坊町」より徒歩約7分／tel 076-255-0619／11:00〜19:00／月曜休み

ひらすま書房

ゆっくりとした時間の流れの中で

富山県
射水市

生き方に迷ったら立ち寄って本の世界に没頭するといい

人と人とが出会い縁が生まれる。それは簡単なことだけれども、それで人生が変わる人もいる。富山の「ひらすま書房」は店主の本居淳一さんが縁に導かれるようにしてこの場所に辿り着き生み出した古本屋だ。

店があるのは大正時代から残る旧小杉郵便局の1階。ほとんど手を加えていない古ぼけた内装と古本がよく似合うこの空間にいると、忙しい毎日のことを忘れて本に没頭できる。店名の「ひらすま」は富山県西部の方言で昼寝のこと。外とは違うゆっくりとした時間の流れの中で、いつまでも本の世界に入り浸っていたいような気持ちにさせてくれる。並ぶのは「本を読まない人でも読んでみたいと思えるもの」だ。

奥の帳場から顔を出した本居さんはひらすま書房のある旧小杉町出身だ。東京の大学を卒業後、帰郷。教員として15年ほど働くが、激務で体調を崩して休職することになってしまう。「もう人を信じられなくなった」というほど消耗している中で、できることは本を読むことくらいだった。悩みながら本を読んでいく中で1冊の本と出会う。『ナリワイをつくる』(東京書籍)だ。「生き方を変えてもいいんだ」と心持が変わったのだった。

そこから働き方や生き方に関する本を読み漁る中で、いつしか古本屋という生き方に興味を持つように。そんなときに「放浪書房」の存在を知った。「それまで誰とも会いたくなかったのが久しぶりにこの人に会いたいって直感的に思ったんです」

ちょうど富山のある施設の軒先で出店しているのを知りすぐに会いに行くことに。旅をしながら旅の本を売り歩いて生活している彼を見て「こんなことして生きている人がいるんだ」と素直に驚いた。本屋に興味があると相談してみると、彼は言う「じゃあ一箱古本市に出てみたら」。はじめて出店したのは新潟の一箱古本市だ。「病休してから全然人と喋れなかったのに本を介せば喋れた。不思議な感覚でした」。本を売る面白さを実感したのだった。

ここから本居さんの本屋としての人生が始まった。出会った人に紹介されて次の地へ。新潟から始まり地元の富山、ときには金沢や名古屋のブックイベントに出店。本の世界に呼ばれているかのように縁がつながっていった。その縁に導かれるまま、古本屋での修業や、自宅の軒先を利用した隠れ家本屋、カフェなど他店に本を置いてもらう置きブックも展開していく。復帰を考えていた教員もいつしか退職していた。本屋で生きていこう、そう思えた。

実店舗も視野に入れ始めたあるとき、いまの物件と偶然出会う。自分たちが通った小学校のような古い木造校舎で店が出せたらという話を後輩とした3日後のこと。旧郵便局が新しいオーナーにこの建物を受け継ぐことになり一緒に運営するメンバーを探していることを後輩が聴いてきたのだ。後輩はすぐに本居さんを誘った。こうして不思議な縁に導かれるようにひらすま書房が生まれた。置かれている什器も購入したものはほとんどない。知り合いのブックカフェや買取先から譲ってもらったものばかりだ。そうして店を始めて5年経つ。

人生は長い。大変な時もたくさんある。だが迷い苦しんだ後に僅かな光を頼りに動いた結果、辿り着く場所がここならば、そう悪くはないだろう。ひらすま書房。生き方に迷ったら訪ねたい本屋だ。

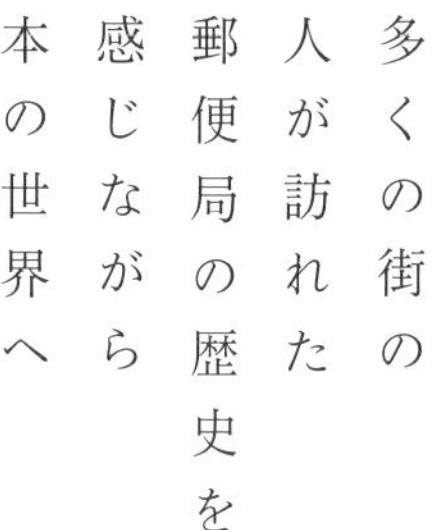

多くの街の
人が訪れた
郵便局の歴史を
感じながら
本の世界へ

6

1-2. 大正13年築の郵便局の外観はもちろん内装もほとんど変えていない。あちらこちらに当時の名残を感じさせる物が散らばっている。**3.** 奥の帳場で本の山に囲まれながら作業する本居さん。**4-6.** 店内入ってすぐ目の前にある大きなカウンターは郵便局時代の物をそのまま使用。本当は両脇から中に入れるのだが「入っていいんですか？」と戸惑うお客さんも多い。それだけ存在感のある設えなのだ。インターネットもなかった時代、ここから思いをしたためた手紙を送っていたかと思うと感慨深い。

外とは違う時間の流れの中で
じっくりと本と向き合える

1. カウンターの上にも本が並ぶ。置かれている椅子に座ってじっくり本を選ぼう。2. 約40年前の『POPEYE』(マガジンハウス)の古雑誌が山のように積み上げられている。掘り出し物が見つかるかもしれない。3. 富山では取り扱っている店が少ないリトルプレスやZINEも置く。並べるのは本居さんが手に取って気に入った物だけだ。4-5. コミックや実用書、絵本、暮らしの本などが多いが、本屋になるまでに本居さんが読んできた働き方に関する本は特に力を入れている。同業者から褒められたことも。6. 見ているだけでのんびりするロゴマーク。7. 現在は「文化施設LETTER」として運営される旧小杉郵便局の建物。ひらすま書房の他にも大家ともう一人の3名でこの場を維持している。

7

6

［info］富山県射水市戸破6360 LETTER 1F／富山あいの風鉄道「小杉」駅から徒歩約12分
tel 080-4251-0424／11：00～18：00／火曜休み

古本いるふ

つくる人のためのつくる本屋

つくる人のための本を置くことを芯に持ち続けていきたい

決められた設計図に基づいてものをつくるエンジニアリングに対して、いま目の前にあるものを直し組み合わせて結果的に新しいものをつくることをブリコラージュという。「何かをつくる人のための本」を揃える「古本いるふ」はまさにブリコラージュ的に生まれた店だ。

「自分はデザイナーや作家にはなれなかったけど、古本屋をやることでそういった人たちの少しでも助けになれば」。そう話す店主の天野陽史さんは美術作家の父とオーダーメイドの婦人服店を営む母のもとに生まれ、デザインを学ぶために名古屋の美大に入った。在学中に出会った妻の裕香子さんと結婚。実家を譲り受けることになり裕香子さんの故郷の富山に移住した。古本屋の道を踏み出したのはこのときからだ。

子供のころから本は身近な存在だったという天野さん。学生時代には本と本屋のイベント「ブックマークナゴヤ」のスタッフとして本の世界に関わっていた。富山への移住の決め手となったのも「古本ブックエンド」があったから。有名店にも見劣りしない品揃えと棚づくりに感銘を受けたという。その古本ブックエンドで店番などの手伝いをしながら、イベントなどにも出店するように。はじめての出店で売れる喜びや本の好きな人と交流する楽しさを知り、その後はひらすま書房［76頁］のアドバイスから毎月出店するようになった。

本のイベントに携わりながら、店舗を持ちたいと様々な場所で相談していたときに現在の物件を紹介された。「もう何十年も使われていない場所でしたが、使い勝手が良さそうでした。それに目の前にある古道具屋スヰヘイさんの存在が大きいです。県内はもちろん県外でも有名なお店で自分も好きですし、ここならお客さんも来てくれるかと思ったんです」。数十年放置されていた古民家は友人たちとセルフリノベーションした。本格的な作業を経て、5カ月間の改修作業の後、アトリエのような作業所のような古本いるふが誕生した。

当初はスタイリッシュな場をイメージしてコンセプトも考えていた。ところがそうはいかなかった。作業していく中、アドリブや仲間とセッションしていくような進め方になった。みんなで〝こうやったらいいかも〟を一緒に思い描いたほうがいいだろう、そんな風に思い気が付いたらちょっと不思議な雰囲気の店になっていたという。「父も母も妻も作家ですし僕もアートやデザインが好きなので、何か物をつくる人が集まる場になって欲しいと思っていたので結果的にこのやり方で良かったですね」

２０１８年にオープンしてからも増えてくる本と格闘しながら常に試行錯誤している。品揃えも都市部以外では売れにくいと言われるアートやデザインに関する本を多く揃える。「いろいろ実験したりお客さんの要望を取り入れながらあまり決め過ぎずに、でも〝つくる人のための本を置く〟という芯を持ちながら続けていきたいです」

最初に決めたとおりに作業するのではなく、その場にあるものを受け入れながら仲間と共に考えながら創っていく。言うのは簡単だが実践は難しい。それでもこの場所が続いていくだろうと思えるのは、この場所の風通しの良さと天野さんの物づくりへのリスペクトを強く感じるからだろう。海沿いの街・富山県滑川市にある古本いるふでは今日も静かな実験が続いている。

MAPPLETHORPE
MAGNUM
FARMAX

海沿いの街に生まれた
アトリエのような本屋

1

永い時を経てきた
古民家の中で
たくさんの古本に囲まれる

1. 古民家ならではの急な階段を昇った先はギャラリー。屋根裏部屋の窓からは海が見える。2. 3.「ふるほん」と書かれた暖簾をくぐりガラスの引き戸を開けるとアトリエのような店内。元靴屋だという。

1

2

物づくりの
リスペクトへの思いが
棚をつくっていく

3

1-4. 本の並べ方と配置と選書で自分の意思表示をしている天野さん。「本を探してくれないか」と頼まれることもあり、「そういうときは必要とされた感じがして嬉しい」と話す。仕入れは大阪などの県外からも行う。お客さんが買ってくれることも嬉しいが古本屋として様々な本と出会うことも楽しいという天野さんにとって古本屋は天職であるように思える。5. 入り口のドアには大きくロゴが印刷される。6. 江戸時代に宿場町として栄えた滑川。その中でも古本いるふのある瀬羽町には、イベントを開催する旧造り酒屋やインスタ映えするハンモックカフェなど若者の往来が少しずつ増えている。

[info] 富山県滑川市瀬羽町1890-1／富山地方鉄道本線「中滑川」駅から徒歩約9分
tel 076-456-7620／12:00〜19:00／月・火曜休み

誠光社

編集する本屋

京都府
京都市

知っていると思っていたはずの物事が
まったく知らなかった面を見せ始める

小さな家と小さな店が寄り添うように立ち並ぶ丸太町。河原町など京都の繁華街から少し離れたこの静かな街に全国から本好きが訪れる新刊書店がある。「誠光社」は有名店・恵文社一乗寺店の元店長・堀部篤史さんが2015年に新しく始めた店だ。

本と少しの雑貨とCD、奥にはこじんまりとしたギャラリーがある。一見すると特に変わったところもない普通の本屋のようだが誠光社の本質は編集にある。まず、棚だ。既存のジャンルに捉われないことはもちろん「この本の隣にこの本があるなんて」と意外性に満ちた出会いに溢れている。ときには民俗学の本の隣に鳥の鳴き声などの自然音を収録したCDが並んでいることも。棚を眺めていると、知っていると思っていたはずの物事がまったく知らなかった面を見せ始める。ジャンルレスで広範な知識のつながりを眺めていると、目の前の景色が啓いたような不思議な感覚になってくる。

どうしたらこんな棚ができるのか。堀部さんによるとDJと同じ感覚だという。「例えば、テンポやコード感、アレンジに共通点があれば、ジャンルを越えた音楽を無理なくつなげることができる。その意外性やスムースさこそがDJ的センスです。既存の分類をばらしていかに違うジャンルから編集して自然に並べるかなんです。それには自分がどれだけたくさん聴いているか、感心の幅がどれだけあるかってことが重要なんです」

元々は約20年間勤めた恵文社一乗寺店で研ぎ澄まされていった感覚だ。堀部さんが働いていたころは、他の仕事と掛け持ちで働く店員たちがいた。全員が知識を持ち合い面白いことをやろうとしているうちに、徐々にルールができてきたという。「僕はそれを言語化する役割だったんです。嗜好性が高い本を選んで編集して並べる。レコードをつなぐみたいな感じで〝ここにこれが入ってると面白い。意外なんやけどつながるな〟みたいな。当時は皆がその感覚を共有していました」

当然、ときにはお客さんから分かりにくいと言われることもあるがブレない。「誰を相手にするかをはっきり自覚するっていうのは商売の鉄則だと思うんです」。だからこそ守れるお客さんがいる。そう考える堀部さんにとって拡大傾向にあった恵文社一乗寺店を辞めることは必然だった。そうしてつくった店が誠光社だ。あえて敷居を下げない店。時間をかけてでも、お金をかけてでもいいものを買いたい、そういった人々を守るための店である。規模は小さく、家族経営で人件費を下げ、本の粗利を上げるために出版社との交渉も行う。だがイベントや展示、通販に出版までやれることはすべてやっている。

「僕は本の中身が好きなんです。映画も音楽も文学も人類学も食も全部好き。だから、本屋業界にいる自覚は薄くて、あらゆる分野を扱って、すべて組み合わせて見せることのできる自分のメディアみたいな感じですね」

文脈棚という言葉が本屋の世界に膾炙して久しいがそれはつまり棚をつくる人の実力がじかに問われるということでもある。どれだけのものに触れてきたか。誠光社の遊び心を感じる棚を眺めていると、頭の、いままで使ったことのない部分が刺激される。知的な快楽がここにはある。

1. 入り口前のラックには古い洋雑誌などが並ぶ。2. 店内にはアメリカポップカルチャーのフィギュアやポスターも飾られる。3-5. 縦横無尽に知識を独自の切り口でつなぎ本棚でそれを表す堀部さん。中高生のころに通っていた京都の名店・三月書房にその原点があるという。コミックから始まり、周辺の漫画家や小説家、美術家など、少しずつ本を買って自らの知識の地図を広げていった。それらが音楽とも、映画ともつながっていき、実はすべてがどこかでつながっていることに気が付く。堀部さん独自の編集棚はそれを表現したものなのだ。

縦横無尽に
知識がつながる本の棚

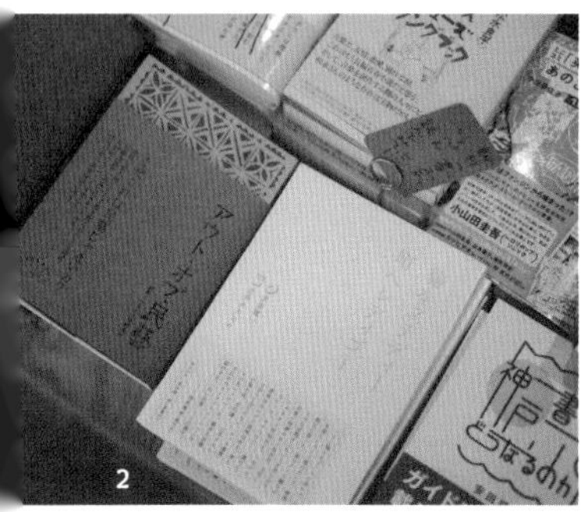

ここにしか
置いていないように思える
だから何度も通いたくなる

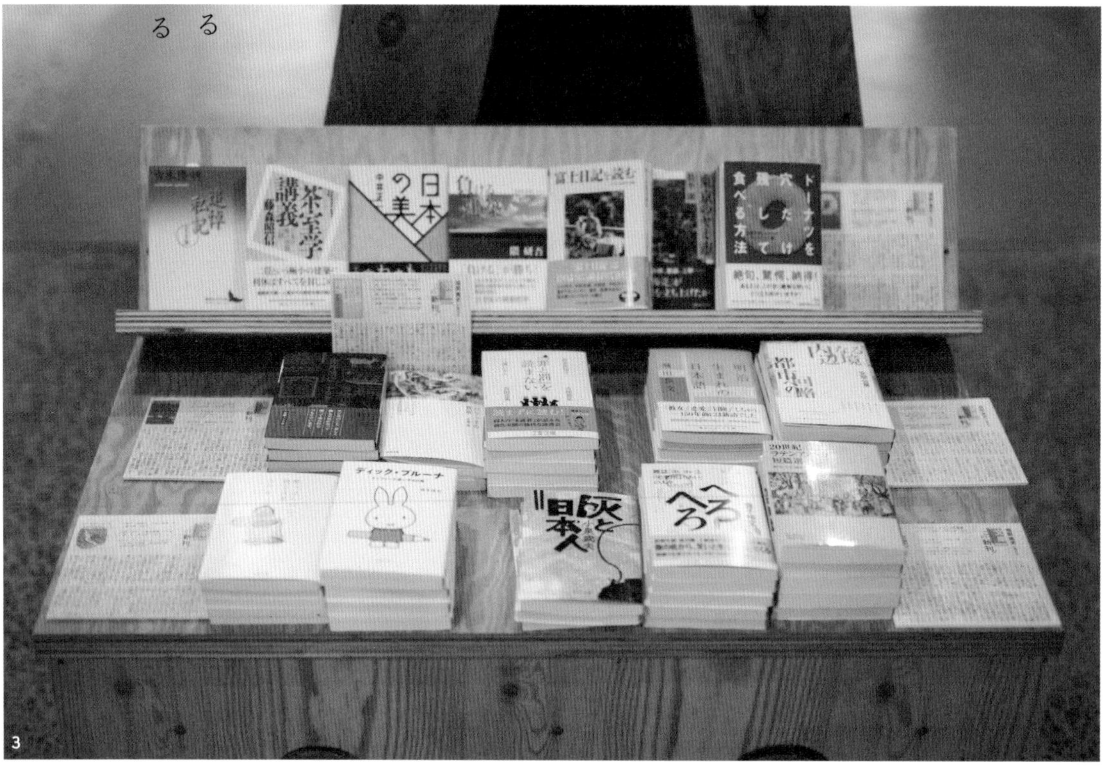

6

4

7

5

1. 奥さんに手伝ってもらいながら通販・イベント・出版の仕事もこなす堀部さん。倦むことなく丁寧にしていけるのはそれが生活だから。休みの日も本屋行って映画を観て、新しい店にも行ってインプットしたものを店に反映する。**2. 3. 8-10.** 例えば人類学のコーナーにはフィールド録音のCDを並べる。決してここにしか置いていないわけではないのに、ここにしか置いていないように思える。**4-7.** 店があるのは丸太町。この立地も堀部さんの戦略で、土地勘がある中でアクセスが良くありつつも敷居を高くすることでお客さんを守る。知り合いの店が多かったのもこの場所に決めた理由のひとつだ。誠光社と同じように小さいながらも自ら店を経営し良いものを提供する人たちがいる。

10

9

8

［info］京都府京都市上京区中町通丸太町上ル俵屋町437／京阪電鉄「神宮丸太町」駅より徒歩約5分
tel 075-708-8340／10：00~20：00／無休（12／31～1／3を除く）

ホホホ座

浄土寺店

やけに本の多い土産物屋

京都府
京都市

物を買うことは、その日の記念
ここは体験ごと買って帰る場所なんです

京都駅前から市営バスに揺られて40分弱。銀閣寺や哲学の道からほど近い閑静な住宅街の中にガレージのような不思議な外観の建物が出現する。このビルの1階にある「ホホホ座浄土寺店」は「やけに本の多い土産物屋」を謳う変わった店だ。

店主の山下賢二さんは２０１５年に惜しまれながら移店した京都の名店・ガケ書房の元店長だ。高校卒業と同時に家出し、書店員や編集者など職を転々とした後、古本屋勤務で自分の価値観で商売できることの面白さを知り、ガケ書房を開業した。新刊書店を選んだのは好きな本を仕入れられるから。11年続けるが様々な事情が絡まり移店を決意。最後の1年で仲間と集まって『わたしがカフェをはじめた日。』を自費出版で作ったのがホホホ座の始まりだ。そうホホホ座は店の名前ではなく編集企画チームの名前なのである。その後、ホホホ座メンバーの一人で、当時、ビルの2階で古書と雑貨店を営んでいた松本伸哉さんが空いていた1階に山下さんを誘ったことで、ホホホ座浄土寺店が生まれた。

ガラスの自動ドアを通って中に入ると白を基調とした天井の高い空間が広がる。雑貨やオリジナル商品が目立つが本の冊数がやはり多い。それでもお土産屋を謳うのにはいくつかの理由がある。1番は、とある廃校のブックカフェに本を卸したことがキッカケだった。そのとき以来本への認識が変わったという。「1日1本しかないバスに乗って行くような場所でした。廃校の前にある川で遊んで、同じ廃校にあるパン屋でパンを買って喫茶店に持ち込んでコーヒーと一緒に食べる。で、帰りに本を買って帰るんです。その一連の流れを見て本が〝その日遊んだ記念〟になっていると思ったんです。その場所で買ったっていう思い出さえあればそれはお土産なんだと」

もうひとつが本のハードルを下げたいという思いだ。「映画や音楽と違って本を読んでいるときだけなぜか〝賢いなー〟と言われることがありますが全然そんなことない。本は単純に娯楽として読んでいいものです。それに絶対人生で行くことない場所の人の考えが１８００円弱くらいで売っているわけじゃないですか。すごいリッチな娯楽ですよこれは」。セレクトショップに並べられているようなアートブックや人文書が多いのにも関わらず、気安い雰囲気なのはそのためだろう。

金沢や大阪など全国各地に分店があるというホホホ座。ややこしいのが一般的な分店ではないということ。のれん分けともフランチャイズとも違う。必要であれば一緒に何かをするが必要がなければ会うことすらない。ビジネスパートナーでも友人でもない絶妙な距離感の関係性は親戚のようなものだという。「店名を共有しているだけで経営も別。でもお金をかけないでノウハウを共有する。それに新しく店をつくると宣伝費も大変だと思いますがホホホ座の名前が広がっていけば効率が良いですよね」

行き当たりばったりのようでいて強かな一面もある。パッと見ただけでは分からないがどこかワクワクさせるものを感じるのは、個人店が厳しいと言われる中で状況に抗おうと、本屋や本の固定概念に囚われずに考える山下さんの姿勢が表れているからだろう。あえて「本屋」に拘らずに、だが結果的に本屋であろうとする。ホホホ座浄土寺店、一筋縄ではいかない店である。

本にまとわりつく誤解を解く
ちょっと変わった土産物屋

1-3. NY在住の画家・下條ユリさんが描いた印象的なホホホ座の看板をはじめ、店には関わったアーティストの痕跡がそこかしこにある。外が暗くなり始めたころ、ガレージの奥から漏れ出る店の光が暖かい。

3

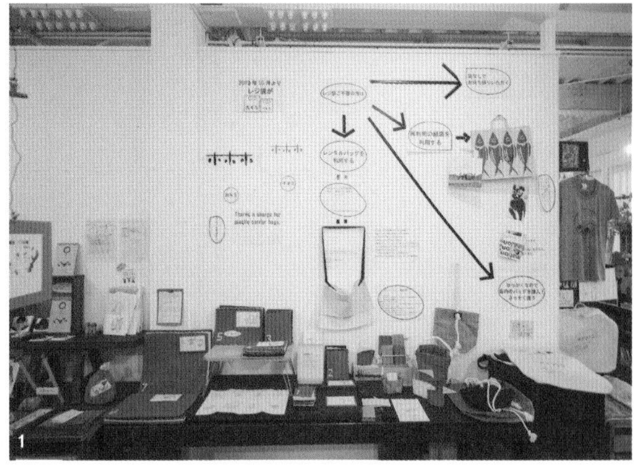
1

2

計算された
隙のある風景が
ここにはある

5

4

1. レジ袋の案内。2. 店内は様々なフライヤーが貼られる。3. 建物の一角にある「HOHOHOZA」と描かれた看板。4.山下さんの著書『シティボーイは田舎モノの合言葉』も並ぶ。雑誌に書いてあることをそのまま真に受けてしまうような純粋な少年たちへの思いが詰まっている。5. 7-8. 刺激に溢れた現代では読書をするまでのハードルがいくつもある。だからこそ、それを飛び越えさせるための手助けをしなければいけない。「本は土産物」「映画や音楽と一緒の娯楽」とあえて言う。オシャレな本・格好いい本ばかりでなく、例えば『きょうの料理』などの気軽に手に取れる本も並べる。6. 定番の人気商品・滝町さんのマッチが並ぶ。

[info] 京都府京都市左京区浄土寺馬場町71ハイネストビル1階／JR「京都」駅よりバスに乗車「錦林車庫前」で下車後徒歩約3分、または京都市営地下鉄烏丸線「丸太町」駅よりバスに乗車、「浄土寺」で下車後徒歩約2分／tel 075-741-6501／11:00〜19:00／無休

マヤルカ古書店

古本の奥深い世界の扉を開く

京都府
京都市

知らないものを知ることの喜びを
ふと思い出させてくれる

京都の一乗寺。「マヤルカ古書店」があるのは周囲に大学が多く、小さいながらも個性的な店が点在するこの街だ。叡山電鉄・一乗寺駅で降りて静かな街の中を歩くこと4分。コバルトブルーで縁どられたガラス戸を引いて中に入ると古い町家特有の香りに包まれる。地域の人たちから譲り受けた古本が棚にぎっしりと並べられ、ときたま可愛らしいこけしや郷土玩具が顔を覗かせる。奥の階段から2階に昇ればそこは和室を改装したというギャラリーだ。作家たちがそれぞれの世界を表現する。

どこか懐かしさを感じるこの空間の主・なかむらあきこさんが店を始めたのは古本の奥深い世界に惹かれたからだ。そもそもの発端は大学時代に遡る。卒論執筆時に教授から文献を見つけるのに神保町の古本屋を紹介してもらったことから古本人生が始まった。つくばの大学から高速バスに揺られて神保町に通う日々。郷土玩具の「呂古書房」、児童書の「みわ書房」、アート・写真集の「小宮山書店」など、マヤルカ古書店の源流はこのときに通った店にある。

卒業後も編集者として働きながら多くの古書店に通いつめた。本を売る楽しさに目覚めたのは東京の谷根千で2005年から開催されている一箱古本市への出店から。

「はじめはお客さんとして遊びに行きました。そこで、本を通して人と話すのがちょっと楽しくなったんです」

その後、数回出店するが家庭の事情で京都に行くことになる。京都ではインターネット販売をしながらライターや司書など、本に関わる仕事を転々し、あるときから3人の店主が共同経営する「町家古本はんのき」で店番をするようになった。古本屋として順風満帆のように見えるが、このときなかむらさんはただ楽しんでいただけで店舗を持とうとは考えていなかった。趣味の延長線上だったのだ。そんなあるとき、なかむらさんに転機が訪れる。テレビ取材を受けたのだ。「話の流れで〝店を持ちたい〟と言っちゃったのを観ていた方から〝本当にやりたいんだったら物件があるから観てみない？〟ってお誘いがあったんです」。ちょうど本気で働きたいと思っていた絶妙なタイミングだった。

棚からぼた餅とはまさにこのこと。改装代など様々に便宜を図ってくれたこともあり西陣に店を出すことになった。4年間続けて、扱う本の量も多くなり店に収まらなくなって移転を考え始めたころ、同じ大家さんからいまの物件を紹介された。「〝経験も積んだしそろそろ路面店に出たらどうや〟って言ってくれて。大家さんがいてくれなかったら店をやっていなかったと思います」

移転から3年経ち、結果としてトータルで10年以上古本の世界に居続けるなかむらさん。いま一番楽しいのは買取だという。知らない本に出会ったり、蔵書を引き取るときに故人の思い出話を伺ったり。古本の仕事はいつまで経っても飽きが来ない。「どんなにやっても知らないことの方が多いんです。それにベテランの方を見ていて凄いなというか憧れの店も多くあって。それっていままでの仕事ではあんまりなかった。だから、もっとやろうと思えるんです」

朗らかな笑みを絶やさずに話すなかむらさんを見ていると本を読むことの本質を思い出す。知らないものを知ることの喜びは何ものにも代えがたい。マヤルカ古書店の好奇心のスイッチを押してくれる店だ。

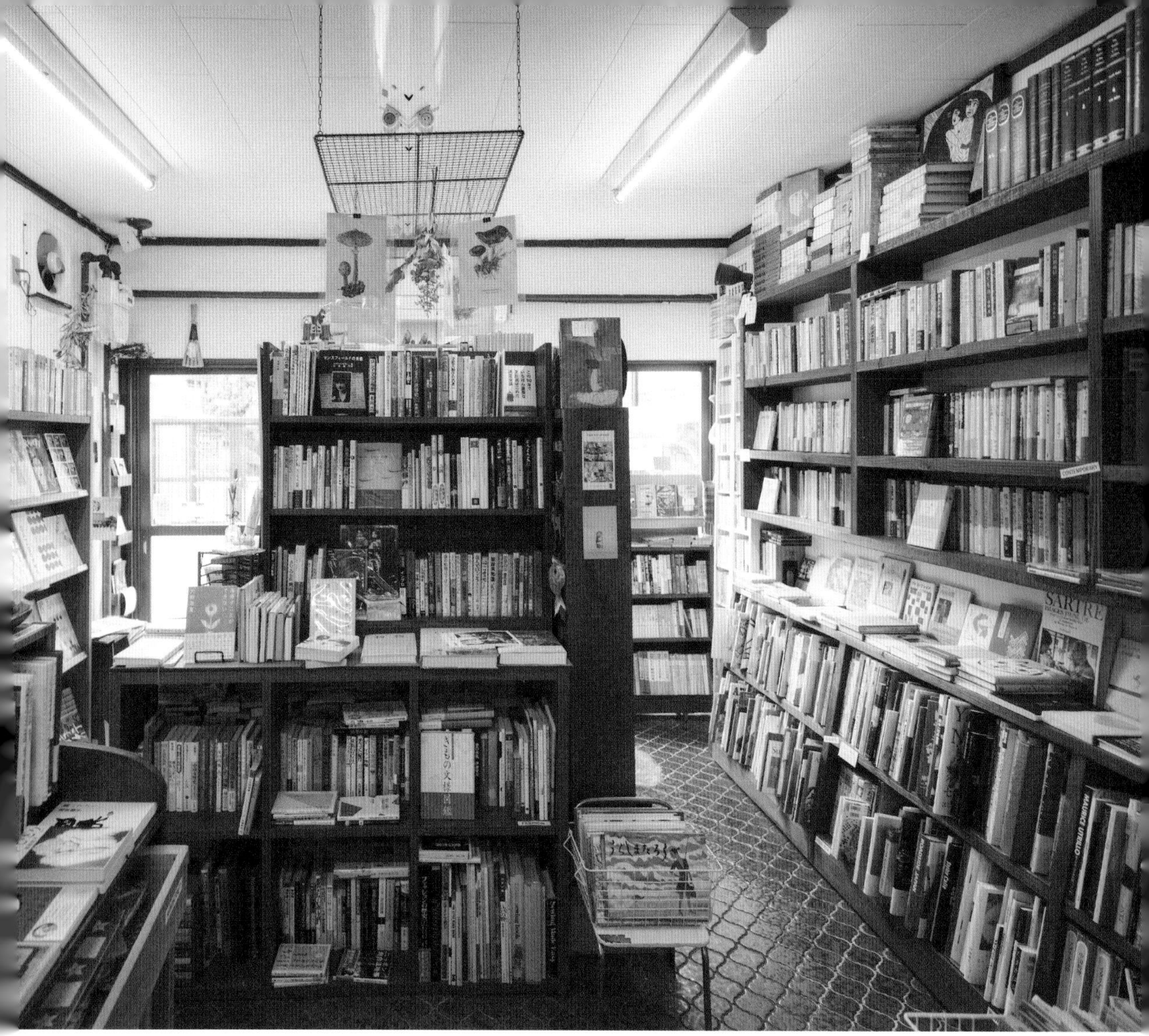

どこか懐かしさの感じる
小さな空間から
古本の豊かな世界へ

2

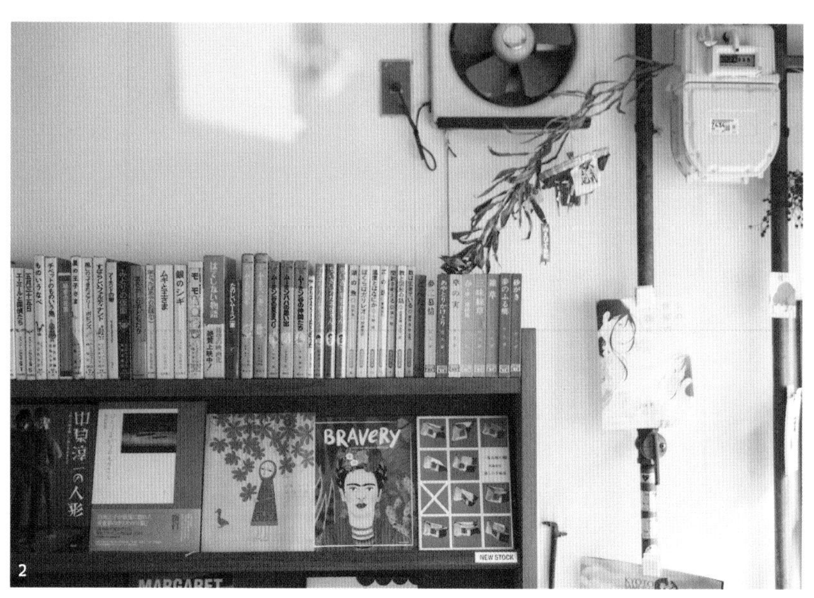

3

1

1-3. 元々は家族経営の小さな印刷会社だったという物件を改装した店内。印象的な赤い陶器タイルの床は改装前のものを残した。店内の什器は移転前のものを持って来たり、知人の本屋から譲ってもらったりしたものだ。本が増えて来たらすぐ近くの古道具屋で買い足す。4-5. 周辺地域の方から譲ってもらった本が多いため街の読書傾向が窺い知れるのが面白い。オールジャンル揃えるが幻想文学や民俗学は増やしていきたいという。

5

4

古いものたちに囲まれて
心が穏やかになっていく

1. 毎日大量の古本と格闘するなかむらさんだが、あくまで朗らか。古本のことはもっと極めていきたいと言う。天職である。2. 2階はギャラリーと新刊、雑貨売り場。3. 新刊コーナーはなかむらさんの置きたいものを置いている。4-5. こけしと郷土玩具は古本と一緒に買い取ることが多い。こけしにまつわる思い出話を聴けることもあるという。6. 一乗寺駅から恵文社一乗寺店のある通りを左に折れて真っすぐ。2階建ての小さな家が立ち並ぶ一角にある。

［info］京都府京都市左京区一乗寺大原田町23-12／叡山電鉄「一乗寺」駅より徒歩約4分
tel 090-1039-5393／11:00〜18:00／火・金曜休み

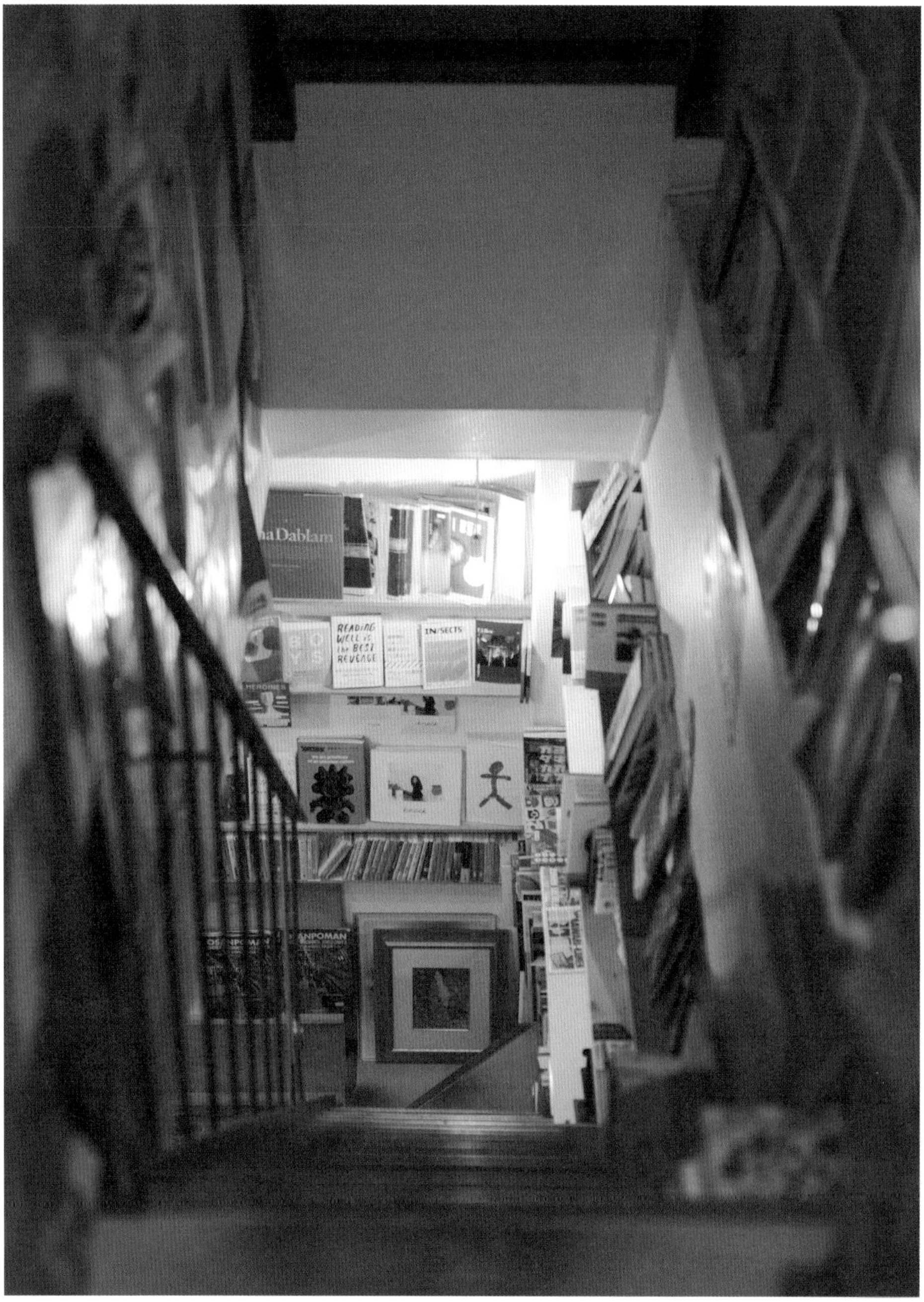

FOLK

old book store

自由な人が営む自由な店

大阪府
大阪市

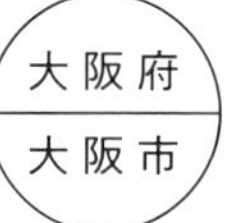

毎日、フリーマーケットをやっている感覚で
誰かにとって価値のあるものを

大阪市北浜。オフィス街でありながら近年グルメにも注目されるこのエリアにあるブックカフェ「FOLK old book store」をひと言で言い表すのは難しい。東横堀川の川べりにあるレトロなビルの1階と地下を使ったこの店。確かに地下にはたくさんの本がある。CDもある、雑貨もある。だが、このスペースに至るには、1階の隠れるような場所にある急な階段を降りる必要がある。1階はゆったりとした喫茶スペースで、ランチ時にはカレーも提供。そのため、昼のお客さんには本屋であることに気付かない人も多い。かといって本屋スペースが疎かというとそんなことはない。展示やイベントのたびに遠くから来てくれるファンがいる。だから10年間続いている。

これだけたくさんの顔を持ちながら、それでいて力の抜けた緩い、デパートの屋上のような雰囲気が店にあるのはなぜだろうか。「毎日、フリーマーケットをやっている感覚なんですよね」と話すのは店主の吉村祥さんだ。「昔からお店屋さんごっこみたいなことが好きで何かしらのお店をやりたいと思っていました。学生時代もフリーマーケットで本を売っていましたし、店もその延長みたいな感じです」

大学卒業後に就いた職は上司とそりが合わずすぐに辞め、職を転々としているうちに、たまたま出会った物件にひとめぼれして店を開いた。古本屋になったのはたまたまだ。本じゃなくてもよかったが、蔵書が多すぎて収集つかなくなっていたため、それを売るところから始めただけだった。

続けているうちに知人も増え、店内ライブや喫茶などやりたいことが増えたこともあって1年後に移転することになった。これがいまの店だ。「楽しくフリマをやろうという気持ちをずっと持ち続けています。理想とかコンセプトは特になくて、あえていうなら呑気で自由なこと」。例えるならば、リサイクルショップみたいな店だ。ある人にとっては要らないものが、ある人にとっては価値があるものになることもある。そこに面白さを感じているという。

移転後すぐの段階でライブイベントを開催、その後も多くの展示やイベントを主催する。2014年には東京・大阪・名古屋を巡回する「約300人のブックカバー展」を仲間と企画した。自由な空気から生まれた企画はときに〝いま大阪でカルチャーの一番の中心はここだ〟と勘違いしてしまうほどの素晴らしいものになる。「自分の頭の中にしかなかった企画によって、人がその日の人生を使ってここに来てくれる。それはすごく素敵で、不思議で、ありがたいことです」

いつも自由な発想で進める吉村さん。実は本屋スペースは以前1階にあったのだが、イベントの登壇者の要望もあって地下に変えた。品揃えについても古本中心だったのが近頃は新刊を増やすのが楽しくなってきた。内装も変えたい部分がまだまだある。10年間続けていてもやりたいことがたくさんある。それはとても幸福なことだろう。

ここは何々を買う店です。そんな「○○屋」という分かりやすさはここにはない。確かに何かを買う場所ではあるけれども、何の店なのか一見しただけでは分からない。分かるのはここにあるのは余白であること。FOLK old book store。まるで陽だまりの中ぼーっとしているような気分になる、そんな公園のような場所である。

秘密の地下室のような ワクワクが 詰まった場所

1-5. ゆったりとした1階のカフェスペースとは一転して、地下の本屋スペースはごちゃごちゃとした、まさにフリーマーケットのような雰囲気だ。そこら中に本が並べられている。人気カフェの秘密のスペースに迷い込んだようでなんだかワクワクしてくる。雑然としているようでよく見ればジャンルごとに並んでいる本棚は意外と探しやすいのも嬉しく、どれを持ち帰るか悩んでしまう。

TATSUMI
バンド
クリープハイプ
POP

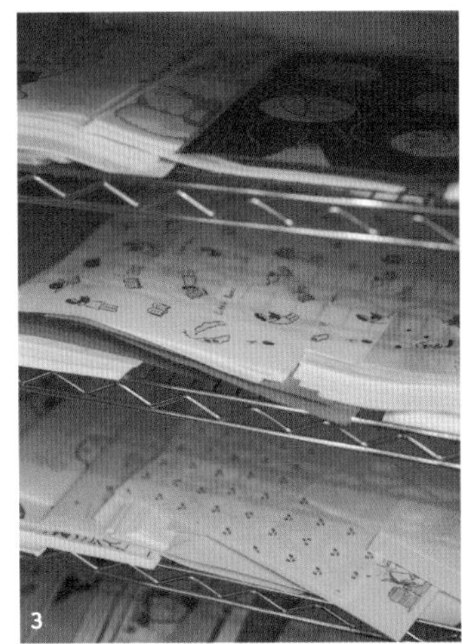
3

1

4

2

自由で呑気
ここにいると心が軽く
楽しい気分になってくる

6

5

1-4. 地下のさらに奥深くにはギャラリーがある。さまざまな人に影響を受けた“肝腎”な本を2点選んでもらい展示販売する企画「肝腎」や、イラストレーターなどの展示を行う。「ブックカバー展」のブックカバーも販売している。**5-6.** 赤レンガの外装が素敵な第二エイワビル。オフィス街の中にあり外観からは分かりにくいが、遊び心に溢れ、入ってみれば間違いなく驚かされるだろう。**7.** カフェとしても居心地が良い1階でランチに提供する「谷口カレー」は近隣の会社員に大人気だ。奥の窓からは桜が見える。**8.** 何事も難しく考えすぎず「勘」だという吉村さん。言語化できないその感覚こそ信頼できる。

［info］大阪府大阪市中央区平野町1-2-1 1F＋B1F／大阪メトロ堺筋線「北浜」駅より徒歩約8分
tel 06-7172-5980／火〜金曜13:00-20:00（土・日曜は~18:00）／月曜休み

居留守文庫

本屋という劇場

大阪府
大阪市

街に本があるスポットをつくっていく
この店は小さな組合みたいなもの

パフォーマー、大道具、演出家。様々な立場から演劇活動を続けてきた男が次の表現活動に選んだのは意外な場所だった。大阪駅から電車を乗り継いで約30分。〝昔ながらの〟といった風情の文の里商店街から横道に入ってしばらく歩くと見えて来る古本屋「居留守文庫」がその場所だ。

店主の岸昆さんが演劇と出会ったのは大学時代だ。演劇部だけでなく外部の演劇団体にも参加。勉学そっちのけでのめりこみ大学も2年ほど通って中退。アルバイトをしながら20年以上演劇活動を続けてきた。その間、舞台に上がることもあれば裏方を担当することもあり、一時は小さな演劇集団を立ち上げるということも。演劇漬けの日々の転機となったのが東日本大震災だ。今後の活動や自らの生き方について考える中、演劇活動はいったん休止し復興支援に関わることにした。1年ほど経ち支援活動も落ち着いて大阪に戻ったとき、ふと考える。「また前と同じように演劇をやるのか」

本屋になろうと思ったのはいくつかの条件が揃ったからだ。まず多すぎて実家に預けていた３０００冊の蔵書。それだけあれば開業時に体裁は整う。もうひとつがハードルの低さ。古本屋になるためには在庫と仕入れができれば良く、仕入れのために必要な古物商の許可も申請をすれば比較的簡単に取得できる。最後の条件が物件との出会いだ。「会社員など他の選択肢も考えましたが、どれもしっくり来ませんでした。でも、この物件に出会ったときに演劇をしていたときの感覚が戻ってきたんです。演劇は空間づくり。この場所で本屋をすることにそれまでの自分の活動との連続性を感じました」。もしこの物件と出会わなければ、他の仕事をしていたかもしれなかった。何がキッカケになるか分からないものだ。

改装は演劇時代の仲間の手を借りつつ行った。舞台美術をつくったこともある岸さんからすれば大工仕事はお手の物だ。特徴的なボックス型の本箱は演劇でセットの土台や踏み台など様々な用途で使われる箱馬をベースにしており開店前に２５０箱も自作した。「材料も仲間に譲ってもらいました。お金をかけないやり方が得意なんです」

２０１３年にオープンして以来、着々と本を増やし続け、今ではすれ違うこともできないほど。まるで本の森のようだ。開店当初から自店以外に本を置く依頼が多く、中には新刊書店の中に古本の棚をつくって欲しいという依頼もある。「街に本があるスポットをつくっていくイメージなんです。この店は小さな組合みたいなもので、ここに集まってきた本を依頼された場所ごとに選んで提供しています」

店内には岸さんが仕入れた本ではないものもある。開店当初に蔵書だけでは心許ないので委託販売をするようにした。借主の本を本箱に並べ売れた分から手数料をもらう仕組みだ。この仕組みが拡大し商店街の中に「みつばち古書部」という、いま広まりつつある棚貸し専門の本屋も生まれた。

居留守文庫はまるで劇場のようだ。岸さんという演出家が、売り場という舞台を整え、本という役者たちが個性的な演技で読者の目を楽しませてくれる。本屋という劇場。ときには客であるはずの自分も運営に関わらせてくれるようなオープンな劇場だ。出店先もまだまだ増えている。居留守文庫の次の演目はなんだろうか。楽しみにさせてくれる本屋である。

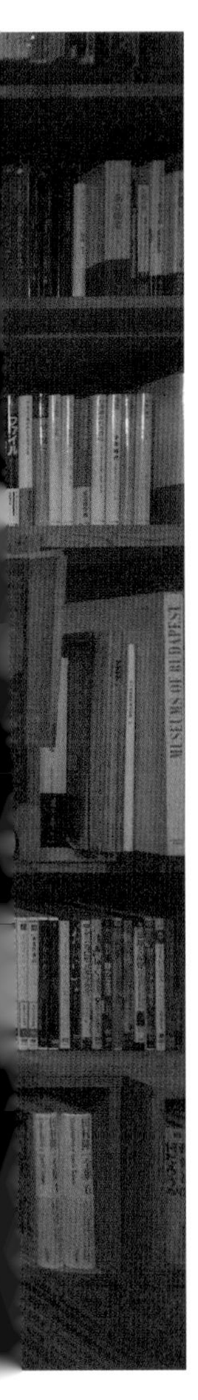

増え続ける本によって棚が増え、本の森へ

1-2. 4-5. 店内のそこかしこにある箱や本立て、アーチ状の本棚など見たことのないものは、そのほとんどが岸さんによる手づくりだ。イベント出店のたびに出店先の条件に合う什器を手づくりして店に持ちかえる。棚が増えれば本を入れる。結果として店内は本の森のようになった。**3.** ボックス状の本箱がランダムに組み合わされてできる壁一面の本棚は壮観。材料は友人から譲ってもらった。演劇やボランティア活動などこれまで培ってきた経験があるからこそお金をかけずに良いものがつくれる。

3

5

4

街に本がある場所をつくっていく
その一手がここだった

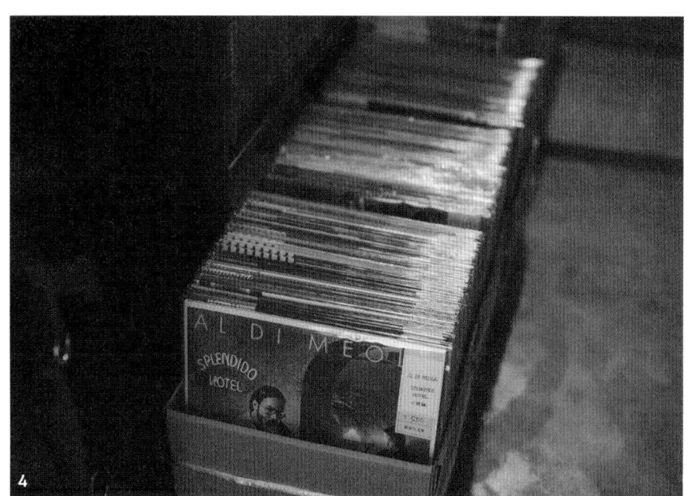

4

5

1

6

2

3

7

1. 本棚に囲まれたブースのようなレジで仕事をする岸さんは、店の2階で暮らす。「仕事と生活を分ける必要を感じなかった」という。**2-3.** 玄関やファサードの設計は岸さんの友人が代表を務めるデザイン集団「TOOP design works」が行った。**4.** オールジャンルの本を扱う居留守文庫。CDなど本以外のメディアも扱う。**4-7.** 買い取りの依頼が多いため本が山のように積み重なっていく店内。整理する余裕がなかったとき、開き直って未整理のまま「野生の蔵書」というフェアを開催したこともある。**8-9.** 開放的なみつばち古書部。両側の壁の一箱が一店で、中央の平台にはその時々の店番がフェアを開催する。ここから巣立って自らの店舗を持った本屋もいる。2020年9月、あべのベルタ地下1階にオープンした棚貸し本屋「書肆七味」も居留守文庫が仕掛けた店だ。

9

8

［info］大阪府大阪市阿倍野区文の里3-4-29／大阪メトロ谷町線「文の里」駅より徒歩約4分、
またはJR阪和線「美章園」駅より徒歩約6分、または大阪メトロ御堂筋線「昭和町」駅より徒歩約8分
tel 06-6654-3932／14：00〜18：00／火・金曜休み

Calo
Bookshop & Cafe

忙しい合間の一息に訪れるべき店

大阪府
大阪市

本と人、アートと人、人と人とが出会ってきた

オフィス街の真ん中でバラが楽しめることで有名な靭公園のほど近く。四ツ橋筋を1本東に抜けたビルの5階に「Calo Bookshop & Cafe」はある。

小さなエレベーターに揺られて5階まで昇ると開放的な空間。店に入るとまずギャラリースペースがあり、通り抜けた奥には個人出版物を中心としたアートブックを並べた本棚と机、そしてカウンターテーブル。大きな窓から差し込む光が気持ち良い。道行く人々を眺めながら本とコーヒーを味わう。仕事の合間にそんな贅沢な時間を過ごすこともできる。場所柄、ランチ時には人気のカレーライスを食べに来る人も多い。

Caloには2004年に開店して以来、本好きやアーティスト、出版業界人、お腹を空かせたサラリーマンなど様々な人が訪れてきた。そうやって本と人と、アートと人と、人と人とが出会ってきたこの場所の始まりは意外なことに上の世代への苛立ちからだった。

店主の石川あき子さんは大学卒業後、公務員などを経て、「book cellar amus」という本屋で働くことになる。そこで本の仕入れ方から出版、海外のブックフェアでの買い付けなど本に関わる様々なことを直接学んだのだが、お店は働き始めて4年で閉店。オーナーが趣味でやるような採算度外視の店だったというから仕方のないことなのだろう。このときの経験がCaloにつながることになる。「経理も見ていて、どうすればお店を開いて続けられるかが具体的な数字として分かっていました。でも、当時はとにかく本屋をやりたいというほどではなかったんです」

開業に踏み切らせたのはオーナーや上の世代への怒りだった。そもそも採算が取れる店ではないのに売り上げを要求してくる。その一方で、個人で新刊書店ができるとは思えないと大型書店の書店員に言われることもある。そうして募る苛立ちを、本屋を開くという行動にまで変えてみせた。「そういう色々なことがあって、できるかどうか証明してやるみたいな気持ちで始めました」

店を開けてから2年が経ち、その苛立ちにも収まりがついてきた。負の感情は爆発力があるが長くは続かない。それでも続けたのは人との出会いがあるからだ。多くのアーティストや作家が、読者が、ここで出会い、交流してきた。そうやって15年以上続けてきたから、良かったこともたくさんある。長年付き合ってきた作家から結婚や出産といった便りを聴くことだ。「お店のオープンごろからの方だと知り合ってから15~16年になるので結婚されたとか出産されたとか。中には〝前はあんなにとんがっていたのに〟と思う人もいて。そういうことを聞くとやっていて良かったなと思います」

ビル街の真ん中にあるのにまるで街の商店のような距離感である。だからこそ続けることに大きな意味がある。「展示をしてくださった方が〝70歳になったらまた展示させてください〟とおっしゃってくださったことがあって、これからも頑張ろうと思いましたね」

仕事に追われる日々の合間に、そっと句読点を置くような静かな時間を望むならCalo Bookshop & Cafeに行けばいい。きっとささくれだった心を優しく迎え入れてくれる。

アーティストや作家
読者がここで出会い
交流してきた

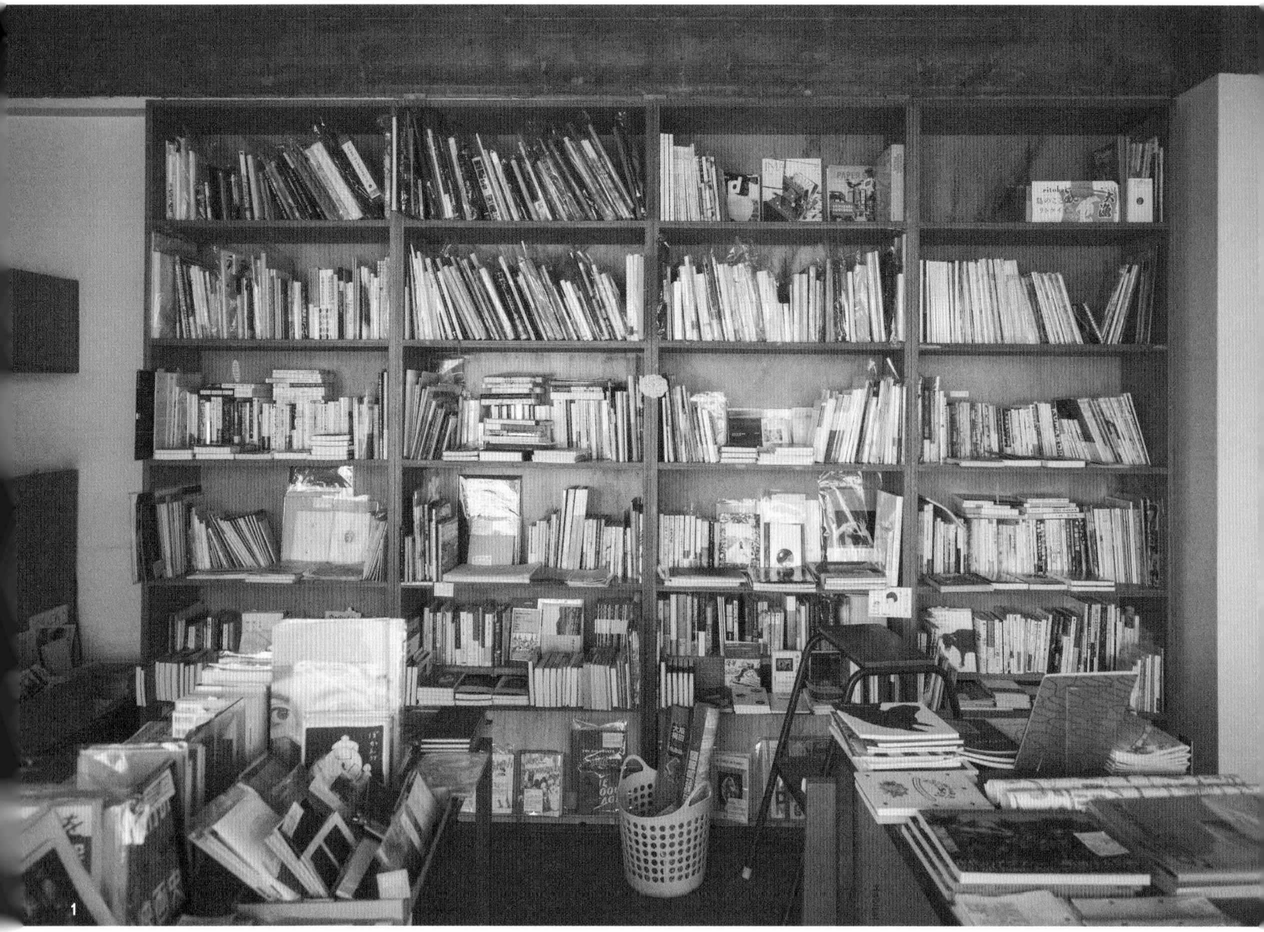

1

本とコーヒーを味わいながら
ほっと一息つく

2

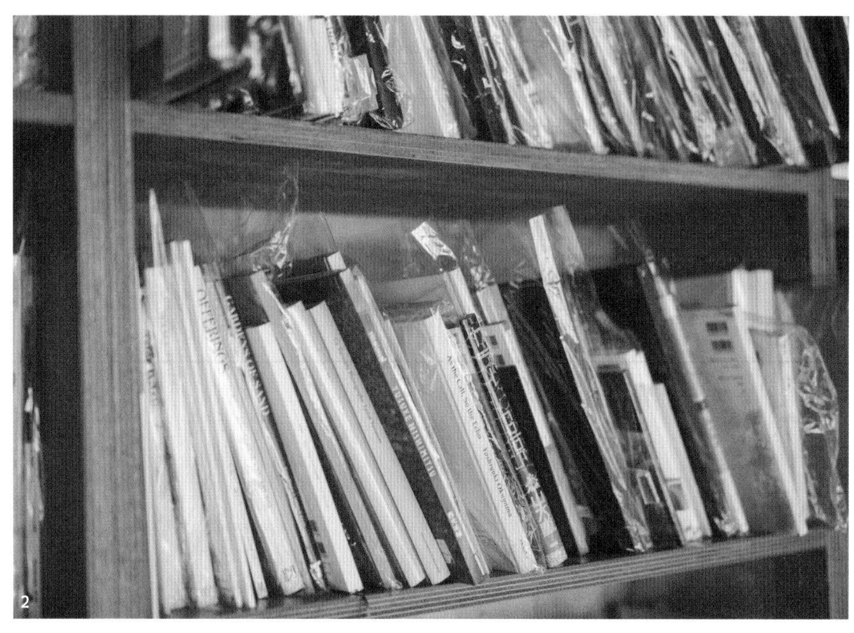

1-4. 開店当初はアートブックやZINEなどの個人出版物が中心だったが徐々に一般流通している本も増えていった。**5.** 石川さんが編集や卸として関わった3冊の本。『RETRONESIA』は石川さんがインドネシアから輸入販売しているもので、現地で出会ったときに感動して卸販売することを決めたという。**6.** 様々な展示を行ってきたギャラリースペース。このときは「イシサカゴロウ drawing book［箱庭日誌］展」を開催中だった。**8.** 前店の経験から考え抜いて決めたレイアウトは16年間ずっと変えず来られた。これからは時代の流れに合わせて小規模にしていくことも考えているという。**7.** Caloが入居する若狭ビルは2階から5階まですべてがギャラリーになっている一風変わったビルだ。

［info］大阪府大阪市西区江戸堀1-8-24 若狭ビル５階／大阪メトロ四ツ橋線「肥後橋」駅より徒歩１分
tel 06-6447-4777／12:00~19:00（土曜は~18:00）／日・月曜休み

うずまき舎

辺鄙だから見える景色

高知県
香美市

本のない暮らしは想像できない
だからこの山の上に本屋をつくった

高知市内から車で1時間。山裾の町を通り抜け山道を登った先に、山の上の本屋「うずまき舎」がある。わずか8世帯が暮らす山間の集落に本屋をつくった村上千世さんがこの場所にたどり着くまでには長い道のりがあった。

10代の頃は「田舎で何か物をつくる仕事をしながら生活をしたい」と思っていた村上さん。芸術短大で陶芸を学び、卒業後は地元関西で会社員として働いた。やりがいのある仕事だったが、30代になりこれからの人生と仕事について悩み始める。そんなころに1冊の本と出会う。『種まきノート』（アノニマ・スタジオ）だ。そこで著者の早川ユミさんが田舎で手仕事を生業とし、家事や畑仕事をしながら生活していることを知った。

自分がかつて夢見て、あきらめた暮らしを実現している人がいることに驚いた村上さんは、自分も早川さんのような暮らしをしたいと2年後に退職を決意し、移住場所を探し始めた。いろいろな土地を観に行くことから始め、他にも候補はあったものの最終的には移住のキッカケになった早川さんのいる高知に決めた。

高知の人々がよそ者である村上さんにもとても親切で、移住先を探していると言うと喜んで「ぜひおいで」と誘ってくれたことが決め手だった。はじめは高知市内に住みつつ県内のあちこちに定住先を探したのだが、早川さんの仕事を手伝うことになり、彼女の仕事場近くの民家に引っ越すことになった。

早川さんの仕事場ではアシスタントのことを「弟子」と呼んでいて、彼らはみないずれ自分の表現を見つけて独立することを目標にしている。村上さんは田舎に暮らしたいという思いは強くあったが何を生業にするかについては高知に来てからも迷い続けた。早川さんからも他の人に止められてもやめられない、夢中になれることが何かひとつはあるのではないかという話を繰り返しされてきた。

「悩み考えた結果、自分にとってそれにあたるのが本だったんです。本のない暮らしは想像できませんでした」。本屋や図書館など本のある場所に行くのが好きで、会社員時代は大きな本屋や図書館の近くを選んで住んでいるほどだった村上さん。だがこの山間には本屋はおろか小さな商店もない。だから自分にどうしても必要なものをつくって、そこに住んでしまえばよいと思った。

倉庫として使われていた空間を改装し、オープンしたのが２０１４年。「辺鄙」と言っても差し支えのない場所でありながら続けていられるのはこの場所だからでもある。米や野菜など食べる物が豊富にあることに加え、早川さんをはじめ地域の人たちの支えがあることが大きい。もちろん品揃えも理由のひとつ。選書の基準は「ふと目についたら読みたいと思うような本」だ。一部手づくりでもあるという本棚を眺めていると山や農業、つくること、暮らしていくことに関する本が多い。普段は気にならないような本も手に取りたくなってくる。レジまで持っていくとその本や著者について知らないことをたくさん教えてくれた。

うずまき舎は村上さんの本への愛に引かれて近所から、遠方から本好きたちが訪れる山の上の特別な場所だ。ここにしかない豊かで静謐な時間が流れている。

くつのまま
でどうぞ。
RULES OF SUMMER
夏のルール
セミ
エリック
nella notte buia
うろんな客
山のタンタラばあさん
おおきなおおきなおいも
だんご博士の観察記
じめんのうえと
じめんのした
昆虫の
すごい世界

心地良い風が通る
この場所で
いつもとは違う気持ちで
本を選ぶ

普段は気にならないような本も
不思議と気になってくる

1-4. 開店当初は古本が半分を占めていたがいまは新刊の方が多くなった店内。読みたいと思う本の基準は著者や書名のほか佇まいが決め手になることもある。畑作業もしているという村上さんだからこそ農業や植物、虫や生きものなど自らの暮らしや生きることに直結した本が多く並ぶ。そんな中にそっと文芸や絵本、デザイン書が紛れ込んでいるからついつい欲しくなってしまうのだ。

オレときいろ
て
100万回生きたねこ
ねこのき
黒ねこのおきゃくさま
秋の収穫祭
滑川BOOK CAMP
4

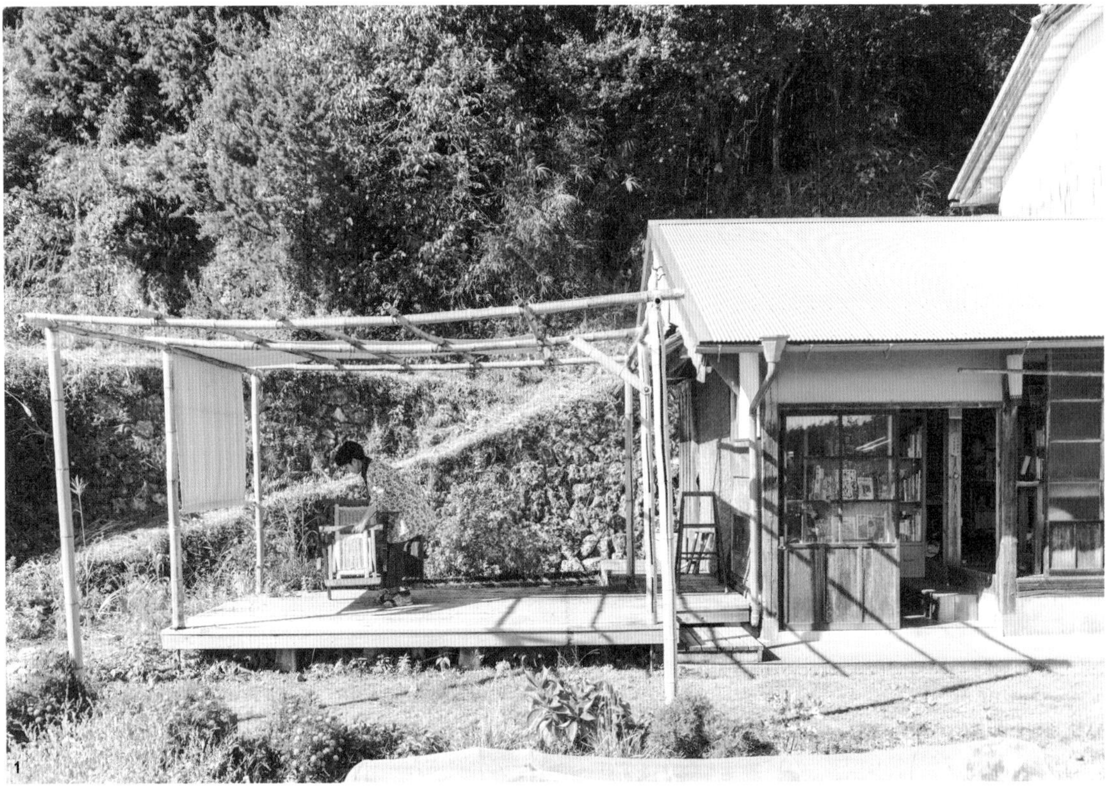
1

種まきノート
ちくちく、畑、ごはんの暮らし
早川ユミ
ちくちく、ぬいぬい、たゆたゆのにちにち
暮らしに寄り添う、ものづくり。
家族をつなぐ、ごはんづくり。
畑しごとの日々、アジアへの旅。
高知の山のてっぺんで、
地球とつながって生きる。
布作家・早川ユミ
はじめてのエッセイ集。
3

うずまき舎
定休日：
2

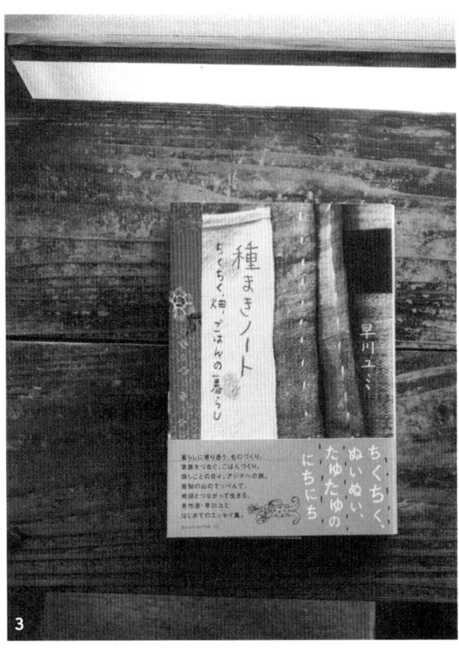

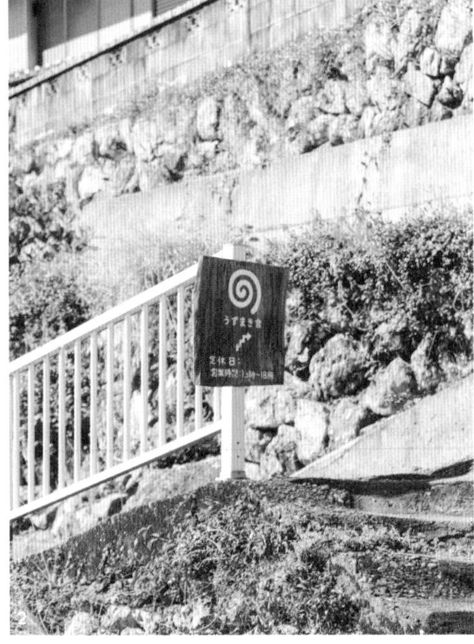

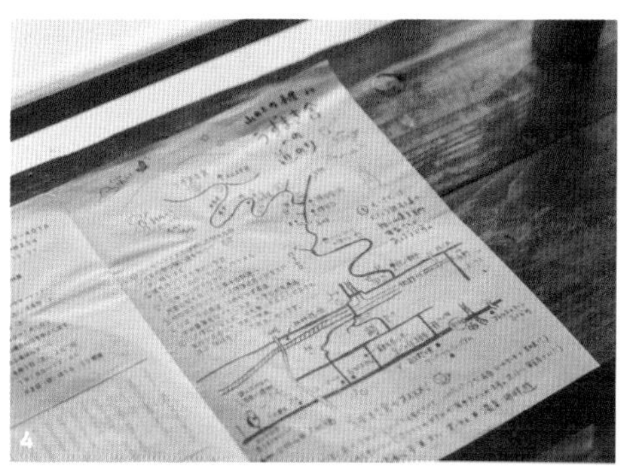

山間の景色を眺めながら
本を開いてくつろぐ
最高のひとときを

1. ウッドデッキで山の緑に囲まれながら本を読みつつのんびり寛げる。最高のひととき。**2.** 店名は会社員時代からうずまきのことが好きで同じ屋号で活動していたことから。**3.** アジアの国々を旅しながら日本では山中に暮し、手縫いの衣服で展覧会を開く布作家・早川ユミさん。本書は早川さんのはじめてのエッセイ集。日々の暮らしや旅、創作についてなどが記されている。**4.** うずまき舎への道のりを示した手書きの地図。**5.** わざわざ遠くから訪ねて来てくれたお客さんには野草でつくったキシマメ茶を。飲み物も注文できる。**6.** 道中で物部川を渡る。これから山に昇るのだと気分が高揚する景色だ。

［info］高知県香美市香北町中谷254／JR土讃線「土佐山田」駅より車で約30分、美良布バス停「アンパンマンミュージアム」より車で約15分／tel 0887-59-4016／13:00~18:00／金・土曜休み

solow

面白い人がいる面白い場所

香川県
高松市

何もなかった場所に欲しかったお店を自分たちで

世界を旅したカメラマンが生まれ故郷に戻って始めたブックカフェ「solow」。高松駅から車を15分程度走らせると見えてくるその場所は神社に護られるかのように存在する。駐車場の奥、ガレージのような建物の中を通り抜けた先にある扉を開けると本の山が広がる。天井まで届く本棚と梯子、大きなスピーカーに薪ストーブ。整理されているようなただの混沌のような。品揃えからも雰囲気からもここが一筋縄ではいかない奥の深い店であることが分かる。

店の主、宮脇慎太郎さんは現役のカメラマンだ。瀬戸内国際芸術祭の公式カメラマンを務めるなど現在でこそ高松を拠点に様々な活動をしているが、故郷に戻ってくるまでに多くの景色を観てきた。大阪の大学にある写真学科に入学することから始まった宮脇さんの旅は、その時々の興味の赴くまま、まずは日本から、やがては世界中に広がっていった。「当時はとにかく情報に飢えていました。高松はインターネットもないし島国だし。大学になったらとにかく外の世界に行きたかったんです」

卒業後は京都の出版社に就職、その後、東京六本木のスタジオに勤めることに。撮影のために日本全国を飛び回ったり、荒木経惟など一線級のカメラマンのスタジオアシスタントをしたりと、忙しく働いた。

順調にキャリアを積んでいるように見えるがなぜ高松に戻ってきたのだろうか。キッカケは２００９年に奄美大島で見た皆既日食だったという。2週間ほど滞在し、奄美大島の風土を体験。日食当日には世界中から集まってきたヒッピーやバックパッカーなど多様で一括りにできない人間たちが同じ太陽を見つめていた。「面白い人がいたらそこは面白い場所になるんだと、ぶっ飛ばされたように気が付いて、それだったら地方の方が面白いかなと思って」。そのとき付き合っていたパートナーが妊娠したこともあり故郷に戻ってきたという。

高松に戻ってからはヴィレッジヴァンガードの高松アッシュ店（現在閉店）で働いた。その後、東日本大震災が起こり、今日が人生最後の日になるかもしれないと感じる中で「人生の最後に店、やりたいな」と考えてつくり上げたのがsolowだった。「自分たちで何かしないとここには何もなくて、だから欲しかったお店を自分たちでつくりました」

場所は宮脇さんの実家の物置。仲間たちと一緒に改装し、店番も仲間たちと交代することにした。こうして『森の生活』の著者ヘンリー・デイヴィッド・ソローのように自らの手でつくり上げた店が始まった。

２０１２年から今まで8年間、不定期営業ではあるが続けてきた中でたくさんのこの場所ならではの出来事があった。移住者が情報交換をする場になったり、店での会話をキッカケに転職した人もいたそうだ。集まったメンバーで撮影してきた写真について語り合う「写真飲み」では写真をフックにした交流が生まれている。

自分の部屋のように居心地の良いこの場所で何時間も本を読んでいる人もいれば、カウンターで旅の話に花を咲かせる人もいる。そうやって多くの出会いを生んでいるのがsolowなのだ。世界を旅した写真家が故郷に戻ってつくった「面白い人がいる面白い場所」。ここには旅について、写真について、あるいは生きることについて、解像度の高い世界を案内してくれる人がいる。

隠れ家のような
小さな小屋のなかで
本を読んだり
旅の話に花を咲かせたり

1. カウンターの中でお客さんと談笑する宮脇さん。2. DVDに絵本にガイコツのおもちゃに思想書……ごちゃ混ぜなのにどこか愛嬌のある棚だ。3. 不揃いの本箱を積み重ねたものが本棚代わり。4. 縦に積み重ねられた本。通常であれば未整理の値付け前の本がこのように置かれるが、ここではそれが演出になる。5. カウンターの上もたくさんの物が溢れる。それぞれの物について宮脇さんに聴いてみるのも良いかもしれない。6. 写真集の品揃えは素晴らしいものがある。7. ダンス音楽を一晩中流す音楽イベント「レイヴ」によく行っていたという宮脇さん。店内ではこだわりの音楽を流す。

そこかしこに置かれた写真や仮面や置物
無秩序の中の秩序がここにはある

［info］香川県高松市太田上町1036／高松琴平電気鉄道「太田」駅から徒歩約10分、またはJR「高松」駅よりバスに乗車、「太田」で下車後徒歩約4分／tel 080-3927-4136／夕方〜22:00頃／土・日曜休み（その他不定休）

へちま文庫

自由な気持ちで本と向き合う場所

香川県
高松市

本のある空間として
どんな場所であるべきかを求めて

高松駅から「ことでん」こと高松琴平電気鉄道に乗って15分。仏生山駅で降り、静かな住宅地をしばらく歩く。すると見えてきたのは工務店の倉庫のような無骨な平屋。入り口には蔓を絡ませてへちまが棚からぶら下がっている。どんな場所だろうと不思議に思って窓から中を覗いてみると、大事そうに表紙を見せて飾られた本が並んでいた。平屋の中に足を踏み入れて、本を手に取ってみるとそのどれもが長い時間を経た物が持つ独特の雰囲気を漂わせている。「へちま文庫」。ここは本の「物としての美しさ」を伝えるために生まれた場所だ。

運営は建築家で仏生山温泉の番台も務める岡昇平さんと家具作家の松村亮平さんを始めとしたチームで行っている。それぞれ異なる仕事をしているが、チームで共通しているのは物と空間への配慮であり、敬意である。

並んでいる本は古い文学書やエッセイ、歴史、美術といったジャンルの古本だ。こういった本屋で写真集や美術書がメインでないというのは珍しい。新刊を扱わないのは物としてのエネルギーが違うからだ。「いまの本はいかに手に取ってもらい買ってもらうか、そのためのデザインが多いのですが、昔の本はそれだけでなく家に連れて帰ってきたときにどう美しいかという視点があった。どういう在り方が相応しいかっていうところからつくっているので力のかけ方が違います」

物として愛でることのできる本はそれ自体に力がある。それらが集まって形成する空気のようなものが本屋を形づくり、空間そのものの心地良さにつながっていく。本を売るための場所としてではなく、本のある空間として「どんな場所であるべきか」質にこだわっているのだ。その姿勢は並べている本の冊数にも表れている。「例えば、壁面全体に本を置いてしまうと、本の物質としての力強さみたいなものが人に対してプレッシャーをかけるときがあります。迫ってくるような居心地の悪さがあるというか。たくさん売るよりもこの場所の居心地のようなものの方が大切なんです」

本屋としての顔だけでなく、岡さんや松村さんたち作家仲間の実験場所としての顔も持つへちま文庫。仲間の作品や自身の家具も販売しているのだが、築50年の元木工所だったという建物自体も仲間とともにほぼ自分たちで改装した。実測した図面を見ながら、その場でどうするか決めていくという、どこか緩い、でもセンスの試されるスタイルだ。

それは開店後も受け継がれていて、先日雨漏りしていた天井を貼りなおしたときも「自分たちでするのに何か面白い理由はないかなと思って」と新しい工法を試したという。結果は上々。あまりつくりこみ過ぎると物を売る店舗としての感触が強くなってしまう。ここでも「売る」のではなく「見せる」ことに重きを置く。上品でありながらも気安さの残る店の雰囲気は、こういった計算された余白の上に成り立っているのだ。

消費者としての態度を取らないでいい、自由な気持ちで物としての本と向き合う。そんな贅沢な時間を過ごせるへちま文庫。役に立つ・立たないとか、面白い・面白くないとかそういうことではない。「美しさ」という視点で本を堪能できる貴重な場所である。

静謐な空間の中で
本の表紙が
語りかけてくる

1. 天井の仕上げも自作だ。松村さんが家具を製作したときに出たおが屑を練ったものを合板に吹き付けた。2. テーブルの上にそっと置かれた作品は仲間たちがつくったもの。3. 写真集や絵本ではない本でも表紙を見せて飾っているのは著者やカメラマンの思いがそこに表現されているからだ。4. へちまがぶら下がっているかのような変わった形の店の照明は「へちまライト」、松村さんの作品だ。オリジナルTシャツも販売する。

4

やさしく光が
差し込む
中で過ごす
贅沢な
空白の時間

1-4. 松村さんがつくった家具の上に選び抜かれた美しい本たちを眺めながら、ふと視線を遠くに移せば大きな窓から光が差し込み庭の緑を楽しめる。贅沢な空白の時間だ。コーヒーなどのドリンクも提供し、運が良ければカレーも食べられる。**5.** もともとトタンだった屋根を取って店のシンボル・へちまを植えた。毎年生え変わってもう7年目だ。**6.** 店名はあんまり役に立たないと言われているから、それくらいの感じにしたいとへちまに。**7.** 印象的な外壁は波形の鉄板だったものを剥がしてヒノキの皮を貼り直した。住宅街の中なのに山小屋のようなミスマッチが面白い。

［info］香川県高松市出作町158-1／高松琴平電気鉄道「仏生山」駅から徒歩約10分
tel 080-4035-3657／mail hetimabunko@gmail.com／11：00〜15：00／火・日曜休み

BOOK MARÜTE

高松にある新しい世界の窓

香川県
高松市

様々な人が入れ替わり店を切り盛りし その人の色に染まっていく

赤さびの浮いた風情ある倉庫の中の階段を昇る。薄暗く静謐な雰囲気の廊下を進んだその場所にあるのが「ＢＯＯＫ ＭＡＲÜＴＥ」だ。瀬戸内海を臨む北浜町の一角、倉庫街をリノベーションした商業施設・北浜alleyの中にある写真集専門店だ。店内には写真集やＺＩＮＥが表紙を見せてそっと並べられている。瀬戸内地域の作家を中心に国内外の作家の本だ。

２００１年に開店した「古道具ＭＡＲÜＴＥ」と「ＭＡＲÜＴＥ ＧＡＬＬＥＲＹ」に付け加える形で２００３年にオープンしたＢＯＯＫ ＭＡＲÜＴＥ。意外なことにオーナーの小笠原哲也さんは本の世界の人でもアートの世界の人でもなく、世界各地を旅する古着バイヤーだった。地元高松の高校を卒業後、「好きなこと、得意なことを活かして暮らしたい」という気持ちでアメリカに渡り、独り立ちする道を探る中で出会ったのが古着だったという。10年ほどアメリカと日本を行き来しながら事業を軌道に乗せていく過程で古道具も扱うようになった。そうやって世界各地を旅していく中で、古着の他に好きだったモダンデザインや建築、アートという視点から見ると故郷の高松が魅力的なことに気が付いた。「丹下健三の建築も、猪熊弦一郎の美術館も身近にあった。好きなものがこれだけあるんだったら生まれ育った香川に帰ろうと思ったんです」。高松を拠点にすることを決意したのは28歳のときだ。しばらく商店街でいくつかの店を経営していた折、直島がアートプロジェクトを成功させ、徐々に人を呼び込んでいることを知り、高松港に広がる倉庫街に目を付けた。広い空間を利用して古道具と古本を当時はまだ珍しかったインターネットで販売し、さらに直島の観光客にも寄ってもらえる、そんな場所をつくろうと考えたのだ。数年の交渉の末、倉庫街は北浜alleyとして生まれ変わりその一角を借りることができた。

徐々に事業が軌道に乗る中で古道具と古本の店舗を別にしようと考えていたところ、〝本屋をしたい〟と活動していた小倉快子さんのことを知る。それならと店長を任せることに。写真集が専門になったのはたまたま小倉さんが開きたい本屋が写真集専門店だからだった。

その後も店主が変わるたびに変化していった。例えばギャラリーで展示をしたことからスタッフになった写真家で現店主の近藤拓海さんは広告写真を撮影する写真家の本を多く並べる。「普段写真集を普段手に取らないような人がここにはたくさん来ます。そんな人たちにも手にとってもらいやすいような本を多く並べているんです」。さらに以前の店主はカフェ勤務の経験からカフェスペースに力を入れていたという。様々なバックグラウンドの人が入れ替わり店を運営するスタイルになった理由は若者の背中を押す役割を小笠原さんが引き受けているからだ。スタッフをしながら試行錯誤して自分の方向性が決まったら店を辞め次のステップに向かう。様々なブックフェアの主催やゲストハウスのプロデュースを行うのもそのためだ。

ＢＯＯＫ ＭＡＲÜＴＥはハブだ。アートを軸にして高松という街を知れる。高松にいる人を知れる。世界のアートを知れる。表現したい何かがもし心のうちにあるのなら、この場所はあなたにとって新しい世界の窓になるかもしれない。

瀬戸内海の
穏やかな海とともに
ゆっくりと過ごす
穏やかな時間

1-2. 元倉庫なだけあって無骨な雰囲気の室内。階段を昇ってすぐの場所にある「OPEN」の文字。期待に胸が膨らむ。**3.** 国内だけでなく海外の写真家の作品も多く取り揃える。中には刷られた部数自体が少ない貴重書も。どれもこれも表紙のデザインからして素晴らしく眺めているだけでうっとりする。**4.** 奥の窓からは瀬戸内海が見える。海沿いの本屋でゆっくりと写真集を選べる愉悦。たまらない。

香川や瀬戸内海
高松という街を
知る小さなハブ

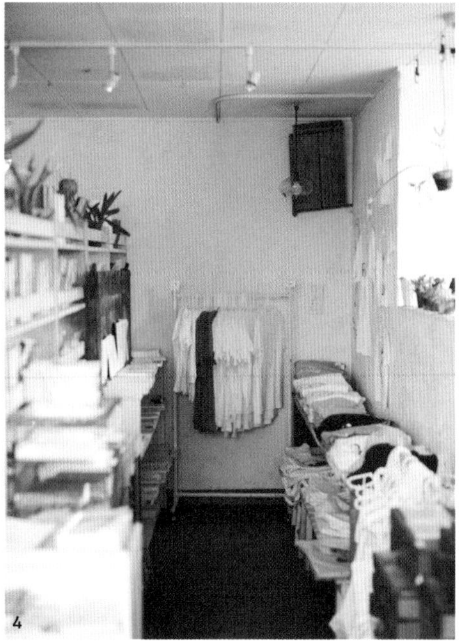

1-3. 2017年には岡山在住の写真家・中川正子さんの写真集『ダレオド』を出版。ほかにもオリジナルのZINEを出版・販売している。併設のギャラリー以外でも表現者の発表の場となっている。4. 棚で仕切られたスペースはフェアを開催することも。5. 写真家でMARÜTE GALLERYで展示をしたことからスタッフになった現店主の近藤拓海さん。店に寄った人に作家の紹介や、作品の説明をすることがとても楽しいと話す。6. 写真集だけでなく読み物も並べる。香川に関わりのある本が多い。7. 豊島にある一棟貸しの宿「ウミトタ」での情景を写した写真集『豊島の空気』をコーヒーと一緒に。8. 北浜alleyはBOOK MARÜTEのほかにも雑貨や人気のカフェなどがあり一日中楽しめる。

［info］香川県高松市北浜町3-2 北浜alley-j／JR「高松」駅から徒歩約10分／tel 090-1322-5834
平日12:00〜19:00、土・日曜・祝日10:00〜19:00／不定休

なタ書

異界への入り口

香川県
高松市

不思議な魅力に
引き寄せられて……

香川県高松市。うどんの街として有名なこの地に日本初の「完全予約制」の古本屋「なタ書」がある。場所は商店街から少し外れた道にあり、トタンの廃墟のような見た目に思わずたじろぐ。生い茂るシソの葉の間に、誘いこむような半開きのドア。薄暗い店内に入ると、潜水艦の伝声管のようなものがある。まさかと思い「こんにちは」と呼びかけてみると「いらっしゃいませ」と返ってきた。木製の階段をギシギシと鳴り響かせながら2階に昇ると前も上も下も本で埋め尽くされている。BGMはFM高松。福山雅治やミスチルなど懐かしのJ-POPが流れる。なんともチグハグしている。演出なのかただの混沌か。形容しがたい魅力を持ったこの空間の主は、帳場でちょこんと座っている怪しげな風体の男。店主の藤井佳之さん、全国各地の本屋好きに名を知られる名物店主だ。

生まれは大阪、中学高校を高松で過ごし、大学は横浜に行った。大学時代はずっとインドやチベットなど海外で遊びながら暮らした。特に就職活動もせず、とりあえずテレビの製作会社に入社。3年ほどして大手出版社に転職するが、編集や営業ではなく新規事業の立ち上げを行った。「よくいまの仕事につながっているのかって聴かれますけど文章を書くとか本をつくるとかそういうのは一切しませんでした」

だが事業は失敗。高松に帰ってきた。会社員として働こうとするが労働条件があまりに悪く、それならと自分一人で店を出すことを考える。古本屋を選んだのは雑貨屋や古着屋では個人で営む面白い店はあったが、本屋はなかったからだ。「他にないので始めた感じです。だから別に本屋がしたかった訳じゃないですよ」

予約制にしたのも、素人がいきなり古本屋を始めても食べていけると思ってなかったからだ。「面白がってとか奇をてらってとかでなく、生活するためにお金を稼がないといけないんで、店にお客さんがいない時間は色んな仕事をしてお金を稼いだんです」と藤井さん。雑誌への寄稿や選書業、瀬戸内国際芸術祭にも関わる。驚いたことに、ときには街でティッシュ配りをしていることも。

古本屋以外の仕事から戻ってきたときにふと古本屋の仕事の良さを実感するという。「ティッシュ配りの後に古本屋の仕事をすると特に。だからこれからは古本屋の仕事の良さを実感するためにも古本屋以外の仕事をもっとしていこうと思って」。冗談なのか本気なのか分からず戸惑っているうちに一転して「本をどう見せるかが本屋の仕事」と真面目な話をする。ギャップに翻弄されてしまう。まるでこの店のようだ。そう言われてあらためて本棚を眺めていると、いままで見たことも聴いたこともないような本がすっと目に入ってきて思わず手に取ってしまっている。

その人柄と店の話を聴いて遠方からなタ書を訪れる人が後を絶たない。旅のはじめに店に寄って行き先を決める人もいれば、暗くなってから立ち寄り、そのまま共に夜の街に繰り出すこともあるという。得体の知れない魅力に引き込まれてしまうのだろう。適当なようでちゃんとしている。真面目なようで外している。なタ書と、店の代名詞でもある藤井佳之という人間は、異界とその住人だ。既存の言葉に当てはまらない強さと緩さを持っている。

WORLD PAINTINGS
MUSHROOMS
MASTER
Costello
ミラノを知る

混沌とした
得体の知れない魅力に
吸い込まれて

仕掛けの詰まった
秘密基地を
探検するように
木を探す

2

1. 独特の雰囲気の建物はもともと連れ込み宿だったという。そこから古着屋の倉庫、そしてなタ書と変わっていった。天井にぐっと突き出たカーブする本棚など店内は仕掛けでいっぱいだ。家具職人ではなくあえて面白いものをつくるために舞台美術の方に頼んでいるという。2-3. 玄関を入り、階段を上がって2階の本屋スペースへ。そこかしこに本が置かれる。4. 入り口の伝声管のようなものは男木島にある谷口智子さんによる現代アート作品「オルガン」と同じもの。

2

1

1-2. 開店当初はイベントを開催していたこともある。店内にはそのころの名残がある。**3. 5.** 店内のそこかしこにあるソファや椅子に座りながら本の世界に浸るも良し。藤井さんに高松のことを教えてもらうのも楽しい。**4.** トタンの壁と入り口に生い茂ったシソの葉が目印だ。夏はシソに隠れて入り口が見えなくなるほどなので要注意。**6.** 天井からぶら下がる空中本棚。本を下から覗ける仕掛けだ。一年に一度、こういった仕掛けが増えていく。**7.**『せとうち暮らし』は創刊のころから改名して『せとうちスタイル』になるころまで関わっていた。バックナンバーが揃っている。

3

4

ソファや椅子に
腰掛けて
本の世界
なタ書という
世界に浸る

6

7

5

［info］香川県高松市瓦町2-9-7 2階／高松琴平電気鉄道「瓦町」駅から徒歩約5分
tel 070-5013-7020／完全予約制

和氣正幸
(BOOKSHOP LOVER)

本屋ライター。祖師ヶ谷大蔵にある本屋のアンテナショップBOOKSHOP TRAVELLERの店主でもある。2010年よりサラリーマンを続ける傍らインデペンデントな本屋をレポートするブログ「本と私の世界」を開設。現在は独立して、「本屋をもっと楽しむポータルサイトBOOKSHOP LOVER」の運営を中心に、〝本屋入門〟などのイベントも開催。そのほか東京新聞での連載「BOOKS」など各種媒体への寄稿、電子図書館メルマガの編集人など本屋と本に関する活動を多岐にわたり行う。2020年10月からNHK『趣味どきっ!(火曜)こんな一冊に出会いたい 本の道しるべ』に本屋案内人として全8回を通して出演。著書に『東京 わざわざ行きたい街の本屋さん』(G.B.)、共著で『全国 旅してでも行きたい街の本屋さん』『全国 大人になっても行きたいわたしの絵本めぐり』(ともにG.B.)がある。

続 日本の小さな本屋さん

2020年10月28日　初版第1刷発行
2023年 9月 6日　　　第2刷発行

著者 — 和氣正幸

発行者 — 澤井聖一

発行所 — 株式会社エクスナレッジ
〒106-0032
東京都港区六本木7-2-26
https://www.xknowledge.co.jp/

問合せ先
編集　tel 03-3403-1381
fax 03-3403-1345
info@xknowledge.co.jp

販売 — tel 03-3403-1321
fax 03-3403-1829

無断転載の禁止
本書の内容(本文、図表、イラストなど)を、当社および著作権者の承諾なしに
無断で転載(翻訳、複写、データベースへの入力、インターネットでの掲載など)することを禁じます。